U0099007

金塊文化

金塊文化

從霸凌到和解

呂政達
◎著

推薦序一

遠離無明，共創淨土

我認識呂政達大德多年，欣聞他出新書《從霸凌到和解》，邀我推薦，我讀完本書，對他在「霸凌」和「和解」兩篇後皆提出佛法見解作結，特別表示贊同。

沒錯，在佛經已流傳千年的古智慧中，對於看來像是現代人教育、家庭和社會的新問題，卻早就有了精闢的解答。霸凌，其實就是一種無明。

無明是佛教基本教義十二因緣的開端，十二因緣又稱十二有支或十二緣起，闡釋有情眾生生死流轉的過程。台灣人對佛教特別感到親切，《心經》更是普廣流傳的經典，《心經》中寫道：「無無明，亦無無明盡。」無明既是貪嗔癡慢疑，然後又生起了「行」造作諸業，而霸凌，就是我們已經相當熟悉的，造作諸業的典型。

從禪師的觀點來看，教育是面對霸凌的必要過程，要破除無明我執，必須由心性上去做功課，而不只是行為上的強迫規範。和解，或者基督教說的「和好」，根本上，則是內心由無明通往波羅蜜的歷程。

作者在這本書中提到的和解法門，有與自己的和解、與身體的和好善處，也有與父母、與伴侶、與親人、與孩子乃至與眾生的和好，我讀後內心歡喜，盼望有更多讀者能從閱讀中悟己身處境，並一起朝人間淨土的願景邁進。

最後，且容我引用這本書的最後一段話，彼此共勉精進。

這時候，覺醒才會開始，你才知道，和解最後有個宇宙的意義，宇宙，不就是一個和諧者嗎？在人與人、人與自己，人與自然間，我們終於找到了立足之地。

——**心道法師**（靈鷲山開山法師）

推薦序二

其實你可以不必過得那麼苦

今年四月十日歐巴馬總統還在白宮召開反霸凌峰會，支持美國反霸凌運動，其實這是每一個國家都有的。雖然台灣社會這兩年來校園霸凌與社會霸凌沸沸揚揚，我們對「霸凌」只有零星的觀念，不是青少年的外化行為就是成年人的強欺弱。我們看到的都是表象，在讀完《從霸凌到和解》這本書後，才知道原來「霸凌專家」呂政達是如此的觀察入微，關心孩子的心理狀態與成長歷程，以台灣社會環境為經，聽到的、看到的及讀到的實例為緯，非常細膩地分析霸凌的可能形成原因，及此行為中雙方當事人的心態及影響，使得讀者了解到原來霸凌是這個樣貌。

頂著無冕王的光環，大作家的名聲，呂政達是個廣讀博學的正牌心理學家，非常有系統地將霸凌以場所分類：「學校霸凌」、「家庭霸凌」及「社會霸凌」，而就性質分類，則為「肢體霸凌」、「言語霸凌」、「關係霸凌」及「性霸凌」四大類，以心理學的理論及心理學家的名言來解說實例，非常生活化，也注意到個體微暗的心情，尤其談到親子關係的重要性及如何拿捏分寸，非常貼近家長、老師、孩子及每一個成人讀者的心。許多老生常談的教育觀念如同理心、情緒管理、處罰、目標思維等，經過他的整理分析、舉證、引導，全部都連貫成系統化的、適用的，且充滿希望的反霸凌新觀念、新目標。

本書不只是「霸凌學」，也是一本「和解書」。不論是夫妻關係、親子關係、成人親子關係、外遇關係及個人與自己的關係都需要和好解開，此乃反霸凌的目標。呂政達提到「直接霸凌」與「間接霸凌」，無論打架、冷戰，熱吵、嘲諷或自責，最重要的就是要避免言語上的攻擊，他說「再多的好話也比不過五分鐘的惡言」。倘若傷害已造成，當然要先同理對方，尋求和解，有趣的是，呂政達在書中教導我們搞砸關係的道歉方式，引人入勝且發人深省。

令我印象最深刻的一個章節，即是「從跟自己的身體和好開始」。他提到不論是吃東西或喜怒哀樂，我們的身體都在場，但「我」卻會被情緒占據，身體成為自動化的一部分，常被忽略或忘記，以至於身心呈現不平衡狀態，造成身心失調，影響健康。以減重為例，千萬記住，「我」吃的就是「身體」在吃的，真是名言！另外一個了不起的章節「別為了一個關係假象而委屈自己」，即是在討論「小三」面

對的窘境並給予忠告與遠見，幫助她全身而退。字裡行間毫無批判或責怪，完全以同理心自第三者立場來設想，並教導現實檢核，其實即為心理諮商的手法。

呂政達不愧為知名作家，文筆流暢富幽默感，常帶點自嘲意味，其實是在點醒讀者他的要點。他廣博閱讀，上至古典文學、聖經、歷史、佛學，下至心理學、社會學、教育學，甚至電影、小說，融會貫通，記憶力超強，引經據典於案例及社會現象中，並歸納心得與感想。文筆熟練地帶進諮商與心理治療各學派之理論與治療方法，同時還鄭重介紹馬丁賽利曼的「正向心理學」，強調正向思考、積極樂觀、懷抱希望、培養快樂，達到身心健康。

「霸凌學」與「和解書」都是心理學的一部分，而從「霸凌到和解」就是一本生活化的心理學書籍，不僅一般讀者可以領悟其中道理，自我了解且身體力行地自我成長並改善家庭與人際關係；助人的專業人員亦可在有系統的內容整理後，對於各式各樣的霸凌問題能較快地進入狀況，抓出諮商要點及方向，學習心理分析的本事，改進諮商技術，為實務奠基。

雖然在讀的時候會有點心酸無奈，但一邊讀一邊領悟且充權，讀到最後，真的發現到命運其實是掌握在自己手中，其實你可以不必過得那麼苦，人生還是可以過得更好的。身為心理學家及婚姻諮商師，我強力推薦這本好書，我們大家一起來閱讀吧！

——林蕙瑛100.4.12寫於洛杉磯

（東吳大學兼任副教授、杏陵性諮商中心顧問、自由時報「家庭診療室」專欄作家、台灣婚姻與家庭輔導學會理事長）

推薦序三

尋找生命的根

台灣是個被媒體掌控的社會。

每天早上，電視媒體記者打開早報，緊盯頭條，只要炒熱話題，便可立即達成全國總動員的效果。稍有不慎，各種批評謾罵撲天蓋地而來，短期速效的對策也立即出籠。風頭一過，有如雲過風清，船過水無痕。

校園霸凌事件每過一段時間就會這樣躍上媒體版面，一陣混亂騷動之後，隨著媒體與社會的健忘，很快地恢復平靜。但問題的本質如何？政府的對策有效嗎？如何才能真正解決問題呢？

政達書中有一段生動的描述：

有個老師就這樣告訴我：「自從規定每個禮拜要通報兩次霸凌後，每天早上進學校，就像上戰場。」這就是「反霸凌」運動一再挫敗的原因吧。「反霸凌」本質是為了和平，但卻搞得像「戰爭」。戰線延長，校園裡從此不再「西線無戰事」。

孩子和家長感染的是反制、恐慌、焦慮、威脅；校長和老師繃緊神經，部長等著被立委質詢，每個人都會喊「反霸凌」，把有偏差行為的孩子視為公敵，沒有人思考道德防線到底是如何失守的。

政達認為：

把孩子第一線會遇到的問題，全推給老師或校長通報，其實對孩子的心靈傷害已經造成了。孩子從小學起或許就該學習，如何裝備自己去面對問題，如何使自己不要成為遭霸凌的對象。如果把事情都推給老師處理（當然，正常的程序是會走到那一步的），或許就剝奪了孩子學習勇氣的一課。

政達因此主張：

把霸凌當作一堂勇氣訓練課程吧，雖然，在霸凌盛行的時代，學習勇氣真的需要一些勇氣了，家長請和孩子一起討論想像，如果遇上霸凌，他應該如何處理，把步驟描寫得越具體越好，好像是一次演習。其中包括：一、他可以做到，也可以控制的事；二、他無法做到，也無法控制，需要有師長介入協助的事。哪些是他的責任，哪些則不是。

政達進一步提出：

反霸凌的最後目標，就是要達成和解。

這個和解，是和好和解開的意思。跟自己、跟親人、跟環境，也跟自己所在意的一切事物都能夠和解。包括：離開想掌控的父母權威，活出自己的天空；當關心來的時候，接受它、喜歡它、珍惜它；以及追求外在與內在的和諧等等。

政達用他最擅長的說故事本領直指問題的核心：霸凌的根源在於內心的軟弱。不論是霸凌者，被霸凌者，父母，老師，教育工作者，以及每一個關心霸凌事件的人，都必須從內心出發，勇敢面對。我們不需要隨著媒體起舞，我們也不期望政令宣導能真正解決問題。我極認同政達在書中指出的方向：幫忙孩子和我們自己找到生命的根。在人與人、人與自己，人與自然之間，找到立足之地。我們不需要更多的喧鬧渲染暴戾之氣，我們需要更謙卑地了解與反思，以尊重喚起自尊，以包容化解衝突。

在霸凌與反霸凌的紛雜論述中，這實在是一本發人深省的好書。

——劉兆明（輔仁大學心理學系教授兼教務長）

推薦序四

和解是唯一道路

身為以問診，也可說是面談他人為業的精神科醫師，一直不太習慣「主客異位」成為受訪者，為了克服這種感覺，我總是絮絮叨叨，除了怕對方不明白，也想掌握局面。兩年前，政達和我卻在這種不自在氣氛下成為惺惺相惜的朋友。兩度成為「受訪者」，我發現政達非但不錄音，甚至只在紙頭上做點筆記，一派從容。看過不少他在部落格上發表的作品，直到這回有幸搶先閱讀本書書稿，才明白自在背後所藏的深厚底蘊。

霸凌議題近日沸沸揚揚。個人以為，媒體以極盡感官刺激處理相關事件，宛如再次霸凌，唯獨欠缺「從霸凌到和解」這般多面向且能直指問題核心，並提出解決之道的論述。然而，《從霸凌到和解》絕不是一本應景之書。政達對「和解」的用功更深，他觀照的現場不侷限於校園，而是要怎麼成為一個自由人的大哉問。對此，他指出「和解」是唯一道路。附帶一提，為真切體會「和解」之箇中三昧，請讀者務必慢讀本書，一字一句欣賞、咀嚼政達優美精確的文字。

——吳佳璇（精神科醫師）

CONTENTS 目錄

C·O·N·T·E·N·T·S 目錄

第一部 霸凌

一個成長的祭品

有心理研究指出，為什麼霸凌時的旁觀者和群眾的冷漠越來越多，那是因為霸凌事件已多到讓群眾出現一種情緒的冷漠和群體受害的情結。

當孩子如此看待自己，發現群體冷漠已無法幫到他時，內心的無助感就會一直濃得飄散不去，覺得世事已休，自己再也沒有能力改變，也不覺得自己有挑戰的選擇。這時，父母請謹記讓孩子停留在「目標思維」的必要性，訓練且培養他們擁有新能力，使得虐待和霸凌從此不再以他們為對象。

霸凌就是……

1 無處不在，有人的地方就會有

我寫了幾篇談論霸凌的文章，也開始努力要寫一本從霸凌到和解的書後，去大多數是媽媽的集會講這個題目，有媽媽問我，什麼是霸凌？我也不能跟她談理論，或什麼心理學研究，就說霸凌其實就是「欺負」，但要乘上N次方，就是很多很多次的欺負。

感謝台灣教育如此地普及，五十歲以下的父母都讀過方程式，雖然其實我們離開學校，考完聯考後，已經都還給老師了。有位可敬的媽媽就舉手發問了，不過是跟我吐槽：「老師，我覺得沒有那麼嚴重，應該只算是加法，還沒有到乘法，也不能乘N次方。」

「哦，怎麼說？」

「霸凌就是一再重複地被欺負，所以只能一次一次算。」

我心裡面當然同意她的說法，但我說：「對，但我講的是霸凌的效果，以前⋯⋯

……」我為了強調以前，一面還想起台灣民間傳說愛捉弄人的邱罔舍和白賊七，所以繼續說：「在清朝時代，一個被欺負的人，只有看到的人才知道這回事，那時又沒有網路，沒有手機，沒有報紙，也沒有電視八卦新聞，就算傳開也不會傳太遠。那個被欺負的人走遠一點，可以假裝無事地過下去。但現在就算在國中校園中，你早上被霸凌了，說不定就會被手機拍下來，貼上網，還有臉書，過不久，可能全世界都知道了。而且，很久以後，影響傳播都還留著，妳說，不是應該是N次方嗎？」

「霸凌為什麼會讓很多人那麼害怕呢？」我說，「因為，那裡面還有權力不平衡的問題，受霸凌者不僅身心受到傷害，還會察覺到他的權力不如人，內心覺得很難過。他會想，如果他擁有足夠的社會權力或是身體夠強，就不會有人欺負他了。」

媽媽問道：「所有的霸凌都跟權力有關嗎，我在另一場演講聽一位諮商專家XX」，她講出了我一位老師級的名字，我差點肅然起敬，不過好在我就是站著，看不出差別，「這位專家說，霸凌者的同理心都出了問題，無法體會被霸凌者的感受。」

我說：「也對啦，我非常贊成這位專家的看法，但我講的也沒有錯，所有的霸凌裡面，都有權力的不平衡，如果是權力平等的人間，就不叫霸凌，而應該稱為角力。」我想起了一本武俠小說，「就像宮本武藏和佐佐木小次郎，雖然武功還是有差別，我們會假設兩人的權力相等，他們在嚴流島的那場，就不應該稱為霸凌，而是決鬥。」

「那武俠小說裡有霸凌嗎？」

「怎麼會沒有，整個武俠小說世界就是建立在霸凌和反霸凌上的，以前的西部片也是。妳知道大俠們最常講的一句話就是『路見不平，拔刀相助』，那個『不平』是什麼，換成現代的語言，就是霸凌的場景啊，當然，媒體常常會報導『冷血，看到有人被霸凌，也見死不救』啦，心理學家說那叫做『旁觀者效應』。等一下有機會，記得提醒我跟大家討論『旁觀者效應』。」

由於提到了武俠小說，我沒來由地想起國中時愛讀的《水滸傳》，尤其花和尚魯智深拳打鎮關西鄭屠那一段，我更是讀了又讀，非常地懷念。或許，在我讀南部國中那個早就充滿霸凌氛圍的校園裡，一個覺得自己很弱、很沒有權力和安全感的小小人兒，早就期待著有魯智深這樣的義士來路見不平，來為我們撐腰。

這位媽媽繼續問我：「我兒子從學校回來，跟我說，『媽，我剛才在路上看到一個低年級的學生，被一群高年級的霸凌，但我沒有過去看，雖然裡面有個我認識的高年級的一直揮手要我過去，但我沒有跑去參一腳……也沒有留下來看』，請問，沒有看，我兒子算是『旁觀者效應』嗎？」

「跑走的，沒有見義勇為的，也算旁觀者。」我注意到這位媽媽臉色一下就拉下來，變得有些凝重，全場媽媽們也從自顧自講悄悄話，突然安靜下來，顯然她們孩子裡，跑掉的還是占了多數。唉，我心裡想，沒有幾個孩子能真的當花和尚魯智深的吧，於是我識相地加上一句：「在學校發生的霸凌事件裡，霸凌者旁邊通常都會有一群幫腔的，稱為『戰友』，所以，妳們應該慶幸，孩子只是沒勇氣，沒有變成『戰友』。」

「霸凌不只出現在校園，也會出現在職場，不過稱為『同事虐待』。有位心理學家叫羅勃富勒……」有位坐在第一排的媽媽把這個名字寫在筆記簿上，「這個名字不重要，不要記。他提出在有評比、評等、打分數的地方，就容易會有霸凌。」

「可以舉例嗎？」

「從民族國家來說，像以前印度種姓制度有婆羅門到首陀羅，不同種姓階層間就會有上對下的霸凌，這種現象，在古代日本也有。講近一點的，學校裡面以前有

打成績，還有能力分班，是不是也容易會有霸凌？」我還不識相地問道，「你們孩子的學校，真的都已沒有能力分班了嗎？」

「現在台灣有許多新移民，他們從自己的國家離鄉背井來工作，但我們都稱他們為外勞，如果這是一種長期、重複性的歧視，也就符合霸凌的定義。然後，我們黃種人到白種人國家去工作，也會被歧視，當然也是霸凌。」

有媽媽問道：「在一個社會裡，是不是比較低層的人才會被霸凌？」

「貴族也會，妳們看過《王者之聲》吧，喬治六世小時候口吃，被哥哥笑，也被父王責罵，造成他對自己沒信心，口吃到差點沒辦法當好國王，那也是一種霸凌，沒有霸凌，就沒有他克服口吃那麼精采的故事了。另外一部印度電影《三個傻瓜》看過吧，你看，印度最好的工學院裡，新生第一天要被學長嘲弄，還要脫下褲子，如果這種事發生在台灣，肯定會上頭版。」

我的霸凌第一課，在此接近尾聲。媽媽聽眾們得到了一個心得：霸凌原來無處不在。

2 沒有媒體素養下的嫉妒傳播

「請問，是不是要像新聞說的，去扯同學的上衣口袋、堵在學校後門、把同學剝光衣服關在廁所，那才叫作霸凌呢？像我兒子很聰明，對，我覺得他的聰明是遺傳到我的，他給其他同學取綽號，輔導老師跟他說不行，因為這屬於霸凌行為。這樣也算嗎？」

我說：「恭喜妳的兒子遺傳到妳的聰明，但這件事情，我不得不贊成輔導老師，因為，有些同學被取了不好聽的綽號，別人跟著這樣叫，讓他一直覺得很不舒服，那個就是霸凌。」

我決定用自己當例子，「我國中時很胖，當然現在也不瘦，不過借用有個理髮小姐說的『你是壯，不是胖』，我國中時被叫『胖子』叫了好幾年，一直都覺得很痛苦，在校園裡，還有同學在背後一直說『前面那個汽油桶』，結果國中畢業那麼多年後，連老師、同學的名字我都忘得差不多了，卻始終記得背後的那聲嘲笑，影

響到我日後對人際關係很畏怯，做人極度的自卑，總覺得自己不如別人。」

「那是不是被霸凌、嘲笑的經驗，以後就會留下特殊的記憶？」

「對，包括記憶和傷痕，如果你沒有好好處理的話，那個傷痕就會一輩子都存在，所以，我正要寫一本叫做《從霸凌到和解》的書，裡頭就會有一篇文章是在講「霸凌和後創」，後創就是災難後的創傷，像九二一地震後的受害者，十年後只要有點搖晃就嚇得魂不守舍，這次日本東北岩手縣發生了史上的超強地震，那個你可以說是地球的霸凌，這種霸凌是人類還不知如何去抵擋的，甚至會讓一整個日本世代的人，都成為後創族群。」

「再講一下《三個傻瓜》那部電影吧，還記得聰明的男主角擅改同學的講稿，讓他在校長和教育部長前當眾出醜嗎，那個同學不是氣到在校園刻字，要男主角藍丘十年後再來一比高下，看看誰比較有成就嗎？我覺得這一段劇情其實很傳神，因為小時候被霸凌的人，真的會特別記得那個人，會不會想去跟他比個高下，那我可就不知道了。不過，在那部電影裡面，後來被比下去的，是那個遭到霸凌的人，不過，你要去看了電影，才會懂得導演的用意。」

「請再用一部電影來講霸凌吧。」

「有霸凌的電影，太多了，談成長的影片或是童年有點較可憐經驗的，一定都有，像近年談德國教育的那部《白色絲帶》，用有沒有帶白色絲帶來代表一個少年的思想是否符合「純亞利安族」，那種排外和貼標籤，就是不折不扣的霸凌。」

「泰國片《初戀那件小事》，很多女生去看了，就會想起自己青春期時，為了暗戀做過的那些事，最後哭得痛哭流涕，我自己去看的時候，也哭了，因為事隔多年後我才發現，原來我讀國中時自己可能就是被女生暗戀的學長，但我竟然都不知道。」

有個媽媽很不識相的舉起手，打斷我的幻想：「嗯，老師，你不是說國中時長得很胖，常常被嘲笑，還很自卑嗎？」

我說：「是的，我這樣說，完全是為了測試妳們有沒有認真聽講，回到霸凌來，當電影裡女主角小嵐和某學長湊成一對，原來那群有些像『剩女』的女同學，就刻意地排擠她，讓小嵐感到很難過，妳們猜，這種霸凌是出於什麼心態？」

一個媽媽很有自信地舉起手，我感覺到她讀國中時對這方面有相當豐富的經驗，「嫉妒？」我問：「為什麼呢？」她說：「我太瞭解那種嫉妒的力量，以及嫉妒會驅使人去做出的事了。」

「對，真的就發生過，在國中校園裡，有個女生長得很漂亮，受到男生歡迎，結果卻常常被女同學欺負，扯她的髮夾，給她取綽號，還傳播簡訊說她是個三八，妳以為只有女生會這樣做嗎，我老實跟妳講，男生也會。還有男生因為追不上某個女生，結果就跟著罵那個女生，這也是霸凌。所以，妳有沒有感到其中的嚴重性，嫉妒和看不起對方，最後都會出現霸凌。」

「但這不是人性嗎？我們既然都經歷過，如何能夠讓小孩不再去經歷我們所經歷過的呢？」

這個問題有點難倒我了，因為大到美國總統歐巴馬，小到台灣某所國中的老師，注意的都是明目張膽，明顯的霸凌行為，對於那麼暗微的心情，卻較少能談到。

「這樣吧，讓我們假設嫉妒心人人都有，也可能會由於嫉妒去做出破壞性的行為，沒有行為的，我們暫且就不談了。這樣，我們可以分成三個部分來看，第一是當孩子嫉妒的時候，有沒有大人能從旁引導他，為他的情緒命名，讓他知道自己現在是處於嫉妒的。當然，嫉妒心人人都有，卻人人都不會承認，所以妳有必要去找一些『為情緒命名』的功課和資料，在需要時就能派上用場。」

「第二是，當孩子或妳不幸成為被霸凌的對象時，要先想想，是否自己的某些行為或特質，讓自己成為遭嫉、被攻擊的對象。當然，很多事情都是捲在一起的，中國古代的偉人不是有句名言說：『不遭人嫉是庸才』，顯然這種現象已多到必須發明格言來自我安慰了。但我一直以為講那句話的人本身是個庸才，不過，真的，很管用，多念幾次。」

「我們華人道家文化都會勸人要藏鋒，就是韜光養晦，收斂鋒芒，以免物極必反，樹大招風。但從西方個人主義教育潮流的思考卻是，要爭做人上人，要不斷地累積、得到，在競爭中，霸凌和嫉妒其實都必定是常見的現象，因為第一名只有一個，如果三個男生同時喜歡上一個女生，那個女生最後也只能選擇一個當男朋友，這就是霸凌現象背後的某種心理動力。」

「我們無法避免嫉妒心，那麼，最少要讓自己和孩子不要成為第三種人——不明就理的傳播者，讓嫉妒心所生的霸凌肆意地擴展下去。在傳播學院裡有個學科叫做『媒體素養』，我建議妳和孩子有機會可以去找些這方面的書來讀，或者去上一堂媒體素養的課。這門學科教我們，如何在各種消息透過媒體滿天飛的時候，你可以盡量地去辨別真相，有些虛假的訊息和攻擊可以從媒體的內容就分辨得出來的。

我認為應該做到，如果收到詆毀某人的訊息、簡訊或伊媚兒，在傳播出去前，你可以分辨出那個訊息有多少成分是真的，有多少成分是假的，這個訊息可能最早是誰傳出來的，他的動機是什麼？」

面前的媽媽一片靜默，有人低下頭，悄悄看她手機裡的簡訊，或者，正在傳簡訊，或者，正把我的講話錄起來，傳給了另一個友人。在電子傳播裡，霸凌既無所不在，也會以各種面目出現，如同訊息一般。

不管啦，我繼續講下去：「整理一下霸凌常見的型態，美國國立教育統計中心曾提到，有直接霸凌和間接霸凌兩種，後面這種還可稱為『社會攻擊』（social aggression）。直接的霸凌有身體攻擊，扯、拉、戳、掌摑、掐、捏、踢、撞、擊、刺、咬、削，還有沒有我漏掉的，請憑想像自己補充。這位媽媽問摸算不算，如果摸了是會讓妳不舒服的，那就算。搔癢？嗯，我覺得也算。」

「除了身體的碰觸外，取難聽的綽號，言語或寫下的詆毀羞辱，小團體的排擠，這些也是。霸凌者做出這些行為，除了我們剛講的嫉妒，還有想因而受到特定團體的歡迎、讓自己顯得有男性氣概、提高自己的信心、單純的要引起注意，都是可能的，關於心理學裡對霸凌和男性氣概的關係，我也會在我要寫的一本書裡提到。」

「間接的霸凌最常見的就是社會孤立。譬如，威脅某人，讓他陷入孤立狀態，方法包括散播八卦、拒絕和對方有社交往來、還去霸凌其他願意和這個人交往的其他人，像『你再去跟他講話，我就不讓你參加我們的社團』等等；批評對方的穿著、品味、交的朋友或者膚色、宗教、殘缺，就像我們常講人是『智障』那樣，全部都是間接霸凌。」

「還有一些非常隱微的，可能妳自己想也沒有想到的，也被歸類為霸凌。國際上有個兒童福利團體叫做『反霸凌行動』（Act Against Bullying），成立於二〇〇三年，有上網的媽媽們可以去找點資料來，她們就專門做這方面的研究，研究如何處理這種很細微的霸凌。我剛講的取綽號是其中一種，也常被研究，還有妳有沒有想過，不跟對方講話也是，喔，在我要寫的這本《從霸凌到和解》書裡，尤其在第二部分『親人的和解』裡就有提到冷戰及熱戰，最典型的當然就是吵架，要對方聽從妳的意見，心理操控，如我寫到那篇〈微控型的媽媽〉，也是種霸凌。傳播八卦，特別是錯誤的八卦、謠言、看對方然後譏笑，不用講話就能讓對方難受，講一個關鍵字眼，讓對方想起過去的事情然後升起不愉快的反應，全部都是。」

媽媽們大概沒有想到，霸凌原來是如此地包山包海，有個媽媽遲疑問道：

「那，我常看電視節目在講藝人的八卦，也是霸凌嗎？」

「是的，」我說，「遇到這類以散播謠言為樂的節目，我們最忠實，也最應該盡的公民動作就是：轉台，或者，關機。多花點時間，關心您的孩子吧。」

3 人魔背影裡的心魔

用佛家的觀點來看，「霸凌」是人性中的「無明」，是找不到出路的混亂和混沌，但當殺人魔的暴行揭發，震驚整個社會時，有記者在攝影機前，拿著麥克風問他：「你會不會後悔？」

把人殺了，剝奪生命權，那是一種對他人身體最嚴重的霸凌了。其實，想要了解這類霸凌，僅僅問這個問題是不夠的，我們必須知道，為什麼人魔層出不窮，到底是何種心魔製造出了殺人魔？

在美國奧瑞崗州的春田鎮，十五歲的男孩金凱爾開槍射殺了父母親，翌日，他跑到學校射殺同學和老師，非常地殘酷冷血。任何國家裡，一名青少年的冷血行徑，絕對都會震撼社會，引發相當多的議論。當地報紙刊登出學校的一覽圖，指出遇害者的位置，以及男孩行兇的路徑。雖然對過程描寫得如此詳盡，卻沒有任何線

索讓讀者知道，這名青少年為何淪為殺人魔。

但像強納森平庫斯這樣有經驗的犯罪心理專家和神經學者想要追問的卻是，男孩的家庭背景，他承受何種精神疾病，神經上有沒有不正常。日後他曾有機會與男孩面談，男孩告訴他，腦裡有道聲音指揮他殺戮，男孩也描述到他家庭浸沉在槍枝裡的文化，父母的言語侮辱，他長久以來的孤寂感，一直活在被威脅的情境裡。他的身體檢查顯現異常，腦部投影檢查也同樣不正常。

是不是每名連續殺人魔的故事背後，都有個不正常和備受虐待的童年，終而使他們成為殺人不眨眼的兇手？犯罪心理學家一直都想解開這個謎團。從六、七十年代以來，許多描述殺人魔的大眾文學作品，都會回歸到多重人格上來，丹尼爾凱斯那本膾炙人口的《二十四個比利》裡，可想而知，比利的人格就多達二十四個，其中還不乏有善良、正常、脆弱的人格特徵。然而，在平庫斯研究的個案裡，他一直致力要找到犯罪行為背後真正的原因。

金凱爾罪行過後不久，羅素衛斯敦闖進華盛頓的國會山莊，在他受重傷被制伏前，他擊殺了兩名警衛。什麼力量驅使他做下這些事呢？平庫斯提到，衛斯敦曾被診斷出有心理疾病，還為此被迫在蒙大拿住過院。那裡的醫師診斷他得了精神分裂症。

平庫斯後來會見過衛斯敦，他發現這個人完完全全地瘋了，一直跟他提到要執行子虛烏有的「紅寶石人造衛星計劃」。瘋子會去殺人，這自然符合一般人乃至媒體對精神病患的刻板印象，然而，平庫斯卻不禁要問道：這世界還有許許多多的精神分裂患者，一樣程度的瘋狂，他們卻為什麼沒有去殺人呢？「新聞報導鉅細靡遺地記載他的罪行，卻極少關心迫使他成為殺人魔的內外因素。」

台灣的媒體，當然也犯了平庫斯所提到的錯誤。對媒體記者來說，有賣點和噱頭的當然是人魔的犯案過程，加上警察帶他去現場模擬時，遭被害者親屬追打的場景，藉此彰顯出善惡報應法則。然而，當兇殘刑事案件層出不窮，終而連為領保險金，連老婆、兒子都殺得下手的殺人魔都出現在我們的社會裡時，我們自然也無法滿足於這樣的報導模式。

過去，在另一個殺人魔陳進興落網後，曾有自國外歸來的某「心理學家」將與陳進興訪談記錄公佈結集，引起正反兩極的爭議。這次陳瑞欽弒妻殺子新聞曝光後，又有媒體記者非常不專業的去訪問陳瑞欽遇害妻子的媽媽，得到一些似是而非，卻可能扭曲誤導的「人格描繪」。事實上，如果媒體對連續殺人魔的興趣和報導只停留在「剝削」與「挖掘奇聞」層次，台灣將會沉淪為名符其實的人魔島。要詳細描寫平庫斯等人追蹤、研究殺人罪犯的工作與成果，可能需要整整一本書，我們或許只能直接跳到他的結論來。把童年遭虐待、神經受傷和精神疾病加起來，可以用來解釋「謀殺」（murder）。

譬如，平庫斯曾經研究過一名車禍後腦部受傷，從此性情大變，無法控制自己的性衝動，繼而性侵害六歲繼女的男子古沛波。平庫斯發現，古沛波自己在童年時也遭受過性侵害，再加上車禍時的腦傷，所以古沛波犯案時承受著兩種「損傷」，一是發展上的，另一則是生理上的。

進一步分析，古沛波童年時的性虐待經驗，已足夠累積成他性慾的衝動，但腦傷以前，他還能夠將衝動壓抑住，其實，由於自己不愉快的童年經驗，他終生都負載著也想要去性侵害兒童的衝動。車禍時，他的腦前葉受損，他的衝動也隨著釋放出來。——這像不像《西遊記》裡唐三藏拆掉五指山的咒語，大鬧天庭的孫悟空隨即興奮地獲得自由身那樣。

平庫斯認為，古沛波和大多數腦傷患者一樣，情緒反應變得遲鈍，他對自己行為後果的瞭解也遭到損害，自我批判的能力受限，常人當然也都有性衝動，但一般人會有正常的性抑制機制，腦傷患者的性抑制卻會降低。他的性慾也許並沒有特別針對兒童去犯行，然而，當童年遭性虐待的經驗與腦傷互動後，卻轉換成性侵害兒童這樣的行為出口。平庫斯為這樣的罪行下的結論是：「童年遭性虐待的經驗產製出暴力的衝動因子，神經受損與精神疾病則破壞了為衝動把關的機制。」

因此，當數年前一樁兇案裡，殺人的陳瑞欽坦承製造假車禍，殺害了第二任妻子後，有個記者逮住警察押解他的機會，麥克風塞過去，衝口就問：「陳瑞欽，你會後悔嗎？」其實從犯罪心理學和神經學的角度來看，並沒有多大的意義，因為，畢竟如果陳瑞欽也是典型的「腦傷/童年遭虐待/精神疾病」三合一個案的話，他的「自我批判」能力也是受損的，並不能以常理來看待。

反倒是，陳瑞欽舊日同事口中將他描繪成古意、安靜、待人和氣，所以當他的罪行一一曝光時，確曾讓他們倒抽了一口冷空氣，感到不寒而慄。事實上，我們常以為，人所以會成為殺人魔，那是因為他們天性就「壞」，有做壞事的基因。但當外表無異的尋常人卻犯下如此恐怖的罪行時，才真的是讓我們感到驚恐的時候。如果平庫斯等人研究過殺人魔二十多年後所下的結論是正確的，我們又如何知道，從我們身旁經過的，我們每天相處的同學、同事和朋友，誰的童年曾遭性侵害？誰曾有過腦傷？誰又潛伏著精神疾病？

平庫斯曾經面談、研究過許多個案，在他們犯罪殺人前，根本看不出有何異狀。他生平研究的第一個個案，是個在學校公車裡遭女同學羞辱，舉槍殺死對方的黑人小女孩辛西雅，他第一次見面時，原本預期會是個怪物型的不良少女，然而真的讓他嚇了一大跳，辛西雅根本不可能傷害任何人，她只有五呎高，重不到八十磅，說話細聲，頭一直低著。這樣的女孩卻長期活在酗酒的母親及其男友淫虐的陰影下，身心飽嚐傷害，乃至對同學的言語羞辱反應過度，在她自己還不知道發生什麼事的情況下開了槍。什麼樣的社會，什麼樣悲傷的童年遭遇，會讓一個小女孩開槍殺人？

「眾多關於暴力的研究裡，許多罪犯童年都曾遭到侵害，這是最驚人，也可能是最重要的發現。性侵害會對兒童造成毀滅性的心理後果，一直影響到成人期。這個發現如今早已是常識了，但少為人知的是，研究者越來越察覺到，延長童年性侵害經驗，會永久地改變腦部的生理構造和功能。童年性侵害也因而由純粹社會與心理的議題，進入了神經學的領域。侵害經驗會帶來直接的創傷，進而就可能損害腦部。」

「大多數遭受過侵害的人並沒有發展出暴力傾向。事實上，九十%曾經被嚴重虐待到必須由公家機關介入調停的人，日後他們也不會虐待自己的孩子到需要公家機關介入的程度，他們也沒有成為罪犯。遭受過侵害虐待的人能夠過相對來說正常的生活，正是人類靈性能夠自我復原，也是人腦具可塑性的最佳見證。然而，話說回來，還是有許多人過不了這一關，淪為暴力犯，危害到社會，畢竟，無可否認的，遭侵害經驗和日後的暴力間，存在著直接的關聯。」

因此，閱讀到陳瑞欽這類令人髮指的新聞我們應該關心的，並不是他到底殺了多少人，日後他必然會得到應有的法律制裁。我們反而應該多想想，這個社會有多少真正恐怖的事情，站在殺人魔的背後，是我們這個社會習而不察的，卻一再地在許多年後，炮製出更多的恐怖人魔？

最最恐怖的是，數年前六月間出現在報紙一端的新聞，告訴我們，雖然警政當局努力打擊犯罪，要達到犯罪零成長的目標，但同時間，婦幼遭性侵害的數字卻一再地增加。這就像是，用力將氣球壓進水裡，它卻從另一端的水面浮出來那樣。當犯罪心理學家告訴我們遭到性侵害的兒童，都可能是日後人魔的候選人時，我們又將如何看待性侵害日益增多的現實？

4 循環著傷害的食物鏈

從統計和心理學研究來看，我們馬上發現，霸凌原來如此盛行，不在自己住的這條街上，就在附近的街道：若不是自己的小孩，也可能是某個弱小的心靈，正在默默承受被霸凌的命運，卻不知道該如何回應。

霸凌是什麼？這個名詞為什麼一下子就變成台灣人耳熟能詳，並且必須付諸關心的題目？挪威有位長期關心霸凌議題的學者丹歐柳斯（Dan Olweus）是這樣下定義的：若有學生長時間的、一再地被暴露在一個或多個學生的負面舉動裡，這些舉動可能是欺負、騷擾，或被鎖定當成了出氣筒，這個就稱為「bully」。

所以，在校園裡，當霸凌事件發生，還有訓導人員意圖輕描淡寫，說「沒事，是學生玩過了火。」但是，霸凌和它的影響絕對是大事，霸凌會發生在校園、家庭、職場、媒體文化和社會的所有角落，把社會每個階層所有人都一起捲進去。根據外國的研究發現，平均，每七分鐘就有個孩子淪入被霸凌族。

美國的數字是每四個孩子就有一人遭霸凌，其中，有八%因此害怕上學，平均每個月蹺課一天；紐西蘭約有七十五%，也就是四分之三的學生一年內最少遭到霸凌一次；英國，這個狄更斯的故鄉，他的作品如《大衛考克菲爾德》或《孤雛淚》早把霸凌寫到變成文學場景，可想而知，有此「偉大」傳統的英國，約有二十一～二十七%的學生是經常性的被霸凌族。

台灣的兒福聯盟從二〇〇二年開始，設立「唉唷喂呀兒童專線」（〇八〇〇〇三二一二三），由社工和志工擔任接線值日生，每星期五天，每天三個小時，傾聽孩子的心事。在SARS疫情緊急，許多孩子沒辦法到學校上課，或者擔心家人的健康安危時，這條專線的服務時間還一度特別延長。根據兒盟以台灣地區國小四、五年級學童所做的調查顯示，台灣約有六成左右的國小學童曾遭到霸凌。

忙碌的父母以為，只要小孩成績拿A，就不會變壞，卻一點也察覺不出霸凌陰影對孩子身心的殺傷力。父母甚至以為「唉呀，只是孩子間鬧著玩兒，誰不是打打鬧鬧長大的呢？」

最常提到的霸凌，也是最常躍上媒體篇幅的，自然就是「肢體霸凌」。通常，還會留下疤痕，或像那所國中發生的，有學生繡學號的口袋被硬生生地撕下；較弱

的同學被踢打，東西被搶，在所有霸凌事件中，約占四成。霸凌者往往是全校都認識的人物，或許，他們的霸凌行為中，就有著要被全校認識的心態。隨著年紀增長，如果沒有採取有效的消除手段，他們的霸凌花招也會跟著變本加厲。

第二種是「言語上的霸凌」，用嘲笑、侮辱、歧視的語言，來達到欺負他人的目的，遭到這種霸凌的人，肯定超過總人口數的五成。翻開許多歷史名人的傳記，如果他們過得是卑微的童年，或像愛迪生、心理學家阿德勒、或美國作家卡波帝那樣，也都算是被霸凌過的名人。同時，言語上霸凌都讓他們印象深刻，影響深遠，就算他們成為名人後，也會在自傳裡提上那麼一筆。

第三種是「關係的霸凌」，明確定義是指「透過說服同儕排擠遭霸凌的對象，把弱勢者或僅是他們不喜歡的人，擠到團體外，或者做得更絕一點的，切斷這些人與社會的連結，要孤立他們。」

這種型態的霸凌，幾乎存在在所有的團體裡。像是散播謠言、離間別人的感情等。被霸凌者的身體雖不會留下記號，卻會懷疑自己的人際能力，有著強烈孤寂感和人際挫敗感，常常會覺得無助和沮喪。同時，他們也往往不知道自己應該如何改善這種境況。

當霸凌者一再地遭受到欺負，不會所有的人都屈服在這種狀態內，有些人會站出來反擊，反擊的後果說不定會非常地嚴重。有時候，被霸凌者也會去欺負其他比他更弱的孩子，這個就稱為「反擊型的霸凌」。一九九九年四月二十日，發生在美國科倫拜高中的校園事件，一個乖乖的高中生由於長期遭到欺負，開槍射殺同學後自殺，轟動整個美國。後來美國情報當局介入調查，秘密報告裡就提醒當局正視霸凌所可能造成的悲慘後果，包括青少年的槍擊在內。

我記得一九七一年，達斯汀霍夫曼演過一部《我是大丈夫》（Straw Dogs），就是描寫一個個性懦弱的丈夫，在妻子被欺負，全家成為被蹂躪的對象後，終於激起內心暴力展開反擊的經過。那種內心的暴力，有時候是會出自那些看起來像羔羊的人身上。

還有一種就是「性霸凌」。不是典型的身體侵犯才算，對身體部位開玩笑、嘲諷，或是讓當事人覺得不舒服的性語言、玩笑，對性別取向的譏笑，如說某個男生很「娘」這類的話，傳閱與性有關的紙條或八卦，還有以性的方式去抓對方的身體，或是讓對方涉入非自願的性行為，不要以為這個比例會比較少，根據兒盟的統計，有超過一半的人曾遇到性霸凌，被性霸凌者也比其他類型的人更有表示「很生

氣」的感受。

如果說霸凌還有代間差異的話，在「性霸凌」可以觀察到顯明的時代痕跡，這會不會是孩子受到媒體性開放訊息的影響？在霸凌新聞裡，還出現幾個男同學圍著一個女同學，要這個女同學給其中一名男生手淫，然後拍在手機內po上網。

在霸凌事件的反應裡，對家長來說，有兩個很重要的關鍵，其一，他們不知道孩子在學校裡發生了什麼事，其二，他們還不知道霸凌是不是應該算是父母的「責任」，或應該丟給學校或專業輔導人員來處理，才稱得上妥當。有時候，父母的不當態度，反而會造成孩子身心的創傷。我曾經看到有個好強的爸爸就斥責兒子：「他不欺負別人，為什麼欺負你？」

霸凌事件，可能也是供爸媽重新思考自身角色的時候。心理學家蘇珊紐曼就這樣問道：「他們是對孩子過於急躁嗎？放任嗎？太嚴格嗎？太寬厚嗎？太包辦一切了嗎？總之，要考慮你養育孩子的方法，對待孩子時應該適度。」

「適度」真是當今親子這門課裡，一個很難拿捏的字眼。關心多了，或是事事都為孩子出頭，會養成孩子的依賴。我曾經讀過一個八歲獨子的媽媽的心聲：「兒子已經八歲了，卻害怕自己的影子。他不敢一個人留在空房間睡覺，很孤獨，沒有玩伴，在學校有同學會欺負他，後來，他甚至不願意跟其他孩子去玩，只是一旁觀看。」這個媽媽懊惱地說：「這都是我造成的。」只因為這個媽媽從孩子五歲起就處處保護他，反而讓孩子不再敢去嘗試新的事物。

然而，如果沒有成人的干涉、調停，霸凌往往會成為循環的「食物鍊」，在被霸凌的孩子心裡，他們還是會期待有個「強者」當靠山，要他們學會獨力去對抗，恐怕是個很艱難的任務。像《蟻丘霸凌者》（該繪本被拍成動畫《聯合縮小兵》）裡，強悍魁梧的大男孩帶領狐群狗黨來搶你心愛的玩具、把你撞倒在地，被欺負的小孩於是去找蟻丘洩恨——反正現實世界裡，螞蟻從來不懂得反抗。

這部動畫片設想了一個「同理心增強能降低霸凌心態」的假設。如果，他們是這樣想的，把踩蟻丘的小孩變成一隻小螞蟻，讓他過過看當螞蟻的日子。用螞蟻般大小的身軀面對種種挑戰；當蝗蟲變成你的天敵時，你還能找誰霸凌，或者這再次讓我們印證，在關於霸凌研究裡一再發現的，人群裡身材小的、力氣弱的，就容易變成遭霸凌的對象。或許，有沒有同理心並不是問題，體型才是問題？

在複雜的族群間，「同理心」從來沒有想像中的容易，反而容易變調為「強者的慈悲，弱者的盾牌」。畢竟，再如何富有想像力的童話故事，也不可能出現螞蟻變成人，來「同理心」人類社會的情節。當政治族群取代血緣族群在台灣激烈對峙時，恃強凌弱仍是常會擦槍走火的變奏曲。如果沒有真正彼此尊重、包容的文化當保護網，國民在學校歲月沒有學到反霸凌的素養，或許，校園盛行的霸凌現象，也只是這個社會的小縮影。

國家處境使然，台灣人對霸凌或許更有一番深刻體驗，也因而萌生更深層的焦慮。但在島內，放下拳頭開始同理，是我們必須共同面對的課題。很遺憾，動畫最後仍想當然耳地，用嚇跑、趕走小霸王，當作必然的正義伸張。但是，找到一顆更大的拳頭其實無法解決拳頭的問題，否則，我們競相比賽的還是「尺寸」。

要如何反霸凌呢？有人殷殷勸說，要用「愛」的處方；專家說，要學會反霸凌的語言。當然，都沒有錯。

5 戰爭還是和平間的無奈選擇

學期結束前，許多國中小學家長會收到「校長的信」，列出學校這學期反霸凌的成績，「由於家長和老師們的努力，本校並未發生霸凌事件。」總算，熬到學期末，校長可以鬆一口氣了。

但如果真的發生霸凌，還被同學貼上網，或是校門口有攝影機等著，校長的心一沉，這所學校辦學的成績就將一筆抹消。當教育高官把霸凌通報上網為SARS疫情，恨不得在校門口設「霸凌體溫」測量，將有此傾向的學生統統趕回家。反霸凌運動已脫離教育本色，成為必將失靈的風中口號。

台灣不是第一個喊出反霸凌口號的國家，從二〇〇六年起，英國、美國某些州、澳洲和挪威都把反霸凌當成「教育正確」，反霸凌是地球歷史上最沒有爭議的議題之一，但效果也常讓人感覺到沮喪。譬如，英國有些小學校的霸凌發生在遊樂場，所以後來的學校都不再蓋遊樂場，教育學者卻開始擔心，反霸凌剝奪了孩子交朋友的機會。

二〇〇八年劍橋大學教育系提出研究報告《老師的壓力》，終於吐露真言：「反霸凌」增加的其實只是老師的壓力。這份報告指出，小學生在課堂上挑釁，和老師大小聲的趨勢逐年增多，「五年前，小學教師還可將這種偏差行為，歸咎為學校道德教育時數不足，現在，這個問題卻歸因於社會型態轉變過快。」重點也不在於老師有沒有體罰權，而在於小孩子根本不再把老師當一回事。

「反霸凌」運動在全世界都遭遇挫折，有個深層問題是，學校老師普遍有「道德教育的焦慮感」。家長評鑑孩子的教育成效，看的是成績和升學率；教育當局則塞進來「友善校園」、「生命教育」、「品格教育」當評鑑標準，教育效率和政策的落差，讓老師普遍抱著不出事就好的心態。

家長總以為，把孩子丟給學校，學校就會像製造罐頭那樣，包辦所有的德智體群加美育，把性向性格都不同的學生，調味到美味可口，連以後能不能找到工作，也全是學校的責任。

但是，老師不僅在教育現場和孩子互動，還得跟家長的價值觀競爭，跟電視散播的道德觀，跟手機和即時通形成的立即溝通、慾望立即滿足的文化競爭。最後，每名老師都會像挫敗連連的小士官長，有個老師就這樣告訴我：「自從規定每個禮拜要通報兩次霸凌後，每天早上進學校，就像上戰場。」

這就是「反霸凌」運動一再挫敗的原因吧。「反霸凌」本質是為了和平，但卻搞得像「戰爭」。戰線延長，校園裡從此不再「西線無戰事」。孩子和家長感染的是反制、恐慌、焦慮、威脅；校長和老師繃緊神經，部長等著被立委質詢，每個人都會喊「反霸凌」，把有偏差行為的孩子視為公敵，沒有人思考道德防線到底是如何失守的。然而，我們應該為了一個理由，把所有的學校都捲進戰爭裡嗎？

挪威出生，在英國發展的發展心理學家海蓮賈德柏格（Helene Guldberg）曾在一本《取回童年——在恐懼年代的自由和遊戲》裡提出這樣的觀察：雖然現代的孩子比以往還更安全，父母的憂慮卻也是歷史上空前僅有的。父母的過度保護，造就了台灣人說的「草莓族」，當然，每個國家都有類似的說法，有人就稱為「棉花孩子」。

海蓮賈德柏格提到，現在的孩子被要求要戴上霸凌的鏡片透視世界，把其他孩子當成「潛在的敵人」，大人會諄諄告知，一旦有問題，就要跟老師或其他成人講。如此，他們將失去處理與同輩發生問題的情境，沒有了這個過程，對孩子來

說，問題不僅是同學會欺負他、丟石頭或言詞侮辱他，而是失去了成長必然要面對的各式處境。

面對霸凌通報機制，老師現在都戰戰兢兢，更害怕不去處理會釀成大事端，到時候自己得面對懲戒。但是，當老師介入後，原來只是孩子間的小事，就會化為大事，老師也不得不處理。接著，兩邊的孩子都會被貼上標籤，一方從此就是「小霸王」，另一方則是「受害者」，在這個團體裡，這個標籤就將如影隨形，一旦有了記錄，就不會被改變了。在我們過去的少年歲月裡，有些碰撞，或者真的被欺負吧，可以在操場結操場和，現在，那些孩子間自能縫合的關係裂痕，都將稱為「霸凌」。

海蓮賈德柏格如此寫道：「如果被霸凌的孩子所接收到的訊息是：『你被霸凌了，完了，你這輩子完蛋了。』難道這種訊息，不會比霸凌行為還有破壞力嗎？如果我們總以為孩子無法處理受傷的經驗，我們只會傷害了他們的自信心，將來，他們更不可能面對更艱難的人生處境。」

如果是嚴重的身心虐待，視為霸凌的，當然要由老師、家長介入處理。但是，這位心理學家的看法是，青春期的碰撞，有些只會擦出點小火花，就不妨相信孩子們，留給孩子們自己去處理。他們應該學習分辨，什麼是惡意的、粗魯的、暴力的對待，哪些則是無傷大雅的捉弄。

在戰爭與和平間取捨，反霸凌自然是和平的意圖，雖然，對教育當局來說，掀起戰爭反而是比較有作為的。但霸凌者不可能有如病毒，記住，是這個道德教育失守的社會先製造他們出來的。

和平的陣線則應該延長，從家庭、媒體到社會，都應該演好自己該扮演的角色。往後，將會有更多人注意到媒體和父母教養角色，以及讓孩子們從小就明白如何和平相處的道理。沒有讓孩子們體會過「和平」，只教給恐嚇、禁止或以暴制暴的叢林法則，他們學到的，終究只是「戰爭」。

6 讓自信心降到空谷

不管你認為自己是自由主義、放任主義、管教主義，左派、右派或中間路線的父母，也不管由於校園裡感覺一下增多的霸凌事件，是不是讓你變成了體罰的擁護者，父母都會試著讓自己的孩子了解那些看來像要霸凌的人，心裡到底在盤算著什麼。萬一，我說的是萬一，自己的孩子就是小霸王，父母可能會否認，最少，也會陷入疑惑，為什麼孩子會變成這樣呢？

張爸爸接到學校的電話，說兒子放學後攔住同班同學的路，撕他的書，還跟同學要零用錢，雖然只發生過一次，學校卻很頭疼，想請問張爸爸，平常是否發現兒子有什麼異狀？

其實，張爸爸比學校老師更感到意外，他下意識的就回答：「妳確定是我兒子嗎？我平常都有給他零用錢，他不會缺錢啊。」如果不是為了缺錢，那是缺了什麼呢？許多研究提到，會霸凌的孩子經常缺少的是自信心，他們不看重自己，沒有自我價值感。如果真的是因為自信心的問題，張爸爸的兒子平常做事卻表現得很有自信啊，現在還有研究提到，恐怕不是自信心讓霸凌者變成現在的樣子，而是羞恥感。

自信心和羞恥感，其實是相同的產物，羞恥心和這個人生活水準或實際的成就，並沒有必然的關係，我們都看到一些外表亮麗、很有成就的人，卻非常的沒有自信心，那是他對自己的想法，也是他對自己的期望沒有達到的緣故。羞恥也不同於內疚感，內疚感通常和社會地位水準比較有關係。

把羞恥心、內疚感和霸凌攪混在一起，當下你會想，當霸凌者傷了別人後，應該會有內疚感吧，或覺得自己做了件不好的事，但覺得會有羞恥感的人是把整個人的價值都放進去，所以認為，如果做了霸凌的事，可以減輕他的羞恥感，那就會是他行為的動機。換算成這樣的公式：羞恥感加上霸凌，等於較好的自我感，他就有可能會這樣做了。

一個孩子的羞恥感，來自於長相、友誼、各方面的表現、社經地位或對家人的期望是否能夠達到，如果他覺得這些事物都「不夠好」，不符合他的理想，羞恥感便油然而生。張爸爸可能從來就沒有想過，他兒子要的並不是錢，而是對方那個同學在人群中比他受歡迎，他想要討的其實是那種受歡迎感。內心裡還像有一種這樣的聲音：「如果我不能像他那樣受歡迎，那我就要讓他怕我，我就贏過他了？」許多個性好強的小孩，內心裡總是會有這種「不贏就丟臉」的情結作祟。

羞恥感讓孩子有失格、沒有榮譽、不合時宜、沒人想要、或怎麼做都是錯的混合感覺，千方百計的想要去掉這種感覺，霸凌，就是把這種感覺丟給別人，讓對方也有這樣的感覺。所以，我們可以確定一件事情：出自羞恥感而動手霸凌、嘲笑、侮辱別人的人，心裡清楚知道要怎樣做可以讓別人也產生羞恥感。他們可以稱得上是「羞恥專家」，因為，他們太了解箇中的滋味。

研究並沒有發現霸凌者和自信心之間的關係，事實上，許多霸凌者都有極高的自信心，但反而都多少有「羞恥取向」。他們害怕會暴露出自己的缺點或失敗，於是就採取一個更不恰當的霸凌攻擊姿勢。要注意的是，有羞恥感的人或許自信心仍然很高，沒有那麼高的自信心，他也許還不至於霸凌別人。

那麼，該怎麼辦呢？

1. 幫助自己和孩子，不要陷進其實並不屬於你們的羞恥感內。

2.找回你們的信心，分別出羞恥感的原因。

3.即使內心不是那麼地篤定，也要保持姿勢，站得挺直，看來要有信心。

4.如果你和孩子會把羞恥感投注到別人身上，就是霸凌。提醒自己和孩子，你要別人敬佩你，而不是畏懼你。

5.嘗試對別人表達善意或者關心，就當作是一種實驗吧，看看這樣做，會不會反而讓自己感覺好一點。

不要害怕露出你弱的那一面，沒有錯，那也是人——你這個人的一部分。

7 內心小孩的情緒警鈴

霸凌，也包括遺棄和被遺棄的經驗，那種傷害，從心底提起來時像極了身體感受的痛。從小被遺棄的孤兒，許多人在學校變成了霸凌者，絕對不是偶然的。

幾年前，綜藝節目流行尋人風，由製作單位尋找藝人委託的親人、朋友、老師、恩人或初戀情人，節目在安排這個人會不會上節目與藝人相見時，營造出懸疑效果，也賺足螢幕前觀眾的熱淚。觀眾總是極易投射、融入在這場尋找與重逢的過程裡，暗自撥開了自己記憶裡的缺憾和癡纏。

就是因為在記憶裡，每一個人都有自己的缺憾和想像，所以，這樣的電視節目才會一直維持著高收視率，甚至後來還因此出版過兩本書。確實，我們多麼想把自己放進這樣的位置裡，當自己功成名就，打下事業江山時，再回頭尋覓當年的老師、恩人，過去的生活愈是艱難，就愈能顯露出今日的光榮是如此地難能可貴，這是潛藏在每個人心裡深處的「苦兒成功記」情結。

偶爾，也會有擦槍走火的時候。特別是，當那個被尋找的人代表著一個直到當今仍沒有解開的情結或難題時，這時的見面，只是把心中埋藏的傷痕再揭開來，審視那些光榮和鎂光燈都無法掩蓋的傷痛往事，縱使在攝影機前，傷痛的記憶也無法粉飾成一齣肥皂劇，讓觀眾分享重逢之情。

有一回，一位女歌手在電視節目中要尋找從小就遺棄他們的媽媽，媽媽不願來上節目，攝影機跟著女歌手來到媽媽下榻的酒店，母女見面時，眼淚是免不了的，那女歌手卻恨恨地說：「我只想知道，妳是不是還活著？」

節目播出後，引起相當熱烈的迴響，也在輔導界掀起討論，當時就有輔導工作者出面表示，像這樣沒有輔導或諮商工作者參與、介入，就讓當事人在沒有心理準備的情形下和母親（或任何其他曾遺棄、精神霸凌、嘲笑她的人）見面，讓她尚未化解、導向的恨意從心底被喚起，對著「霸凌者」肆意亂竄，其實是相當危險的。我們總是低估童年創痛的力量，以為歲月的累積會幫助當事人克服當年的恐懼、怨恨情結，但事實卻往往朝相反的方向發展。

所以，輔導界會建議的正確方法是，相見不要那麼的「戲劇性」，最好是讓當事人與親人見面前，先接受專業協助，了解她心中的恨意，以及其他的情感問題。

如果當事人現在已經在事業、自我方面都有所成就，輔導者應該幫助他們瞭解，儘管心裡有多少的哀怨和不情願，他們卻不再像當年被遺棄時那般的無助了。因此，如果他們覺得這時見面是有必要的，應該將心力焦點著重在見面的建設性上，讓見面能夠埋葬過去的創痛，讓親情和血緣在未來所剩的歲月裡接續故事。

如果當事人目前過得並不如意，這時的見面就得更加謹慎了。要是當事人把目前的情況，歸因於當年親人的遺棄或霸凌，而見面只會加深對對方的恨意和愧疚時，輔導者必須相當審慎處理這樣的課題，別讓見面變成另一個傷痛的開端。

丹佐華盛頓導演、主演的電影《安東費雪》（Antwon Fisher），台灣上映時改為《衝出逆境》，就有一場相當動人的母子相會戲。片中，安東費雪是個情緒暴躁、易怒的黑人海軍士兵實習生，他的行為如果用台灣教育的術語來說，就是個典型的霸凌者。在一次和同學衝突打架後，被送來給丹佐華盛頓飾演的輔導軍官評鑑。表面上，這當然是個「憤怒管理」（anger management）的議題，但丹佐華盛頓卻相當有耐性地要費雪傾訴他的童年往事，瞭解這個男生的憤怒，其實就像顆種子，埋藏在糾結的童年傷痛裡，不把過去的事理個清楚，安東費雪的怒氣就會像是爐上的熱開水，一直沸沸揚揚。

層層抽絲剝繭下，安東費雪——這個一度被校方視為霸凌者的童年，簡直就像一本童年霸凌的百科全書。他出生後不久，爸爸就被外遇的女人開槍打死，母親在收容所裡生下他，此後即逃逸無蹤。他和其他兩名小孩同被牧師夫婦收養，開始慘痛的童年，體罰、責罵、霸凌都只是家常便飯。六歲時，他遭受過牧師女兒的性侵害，從此害怕和女人發生親密關係。他最好的朋友帶著不知情的他去搶商店，卻死在商店老闆的槍下。從此，他也逃避所有的友誼關係，別人一點挑釁的話或動作，就會引起他的激烈反應。

面對這樣的個案，丹佐華盛頓飾演的軍官先引導他說出自己的經歷，試圖先處理當前的憤怒問題。他要男生去尋找自己的親人，只有面對他們，才能解決這些屬於他們的問題。是的，丹佐華盛頓沒有跟著費雪踏上這段尋親之旅，然而，他投注相當長的時間和心力，探索男孩的心底事，找出讓男孩困擾的癥結，然後才鼓勵他和女朋友一起展開回溯探親的旅程。這種「先裝備自己再尋親」的狀況，和綜藝節目裡，毫無裝備和心理建設就去見親人的情景，當然不可相提並論。丹佐華盛頓相信這時的男孩，已有處理問題的能力。

男孩去找當年霸凌他的牧師太太和女兒，抒發鬱積在心裡多年的怨氣：「當年

我才六歲呢，但我沒有被打倒，我還是好好地活著。」說得對方啞口無言，一時還無法接受眼前的變化，然而，這時的男孩其實有三項事物在做他的後盾：

一、他和丹佐華盛頓建立起如家人般的和善關係，他的心事已經傾吐，也知道當他有疑惑時，會有人支持他，他不再是孤零零的，這是助人的關係裡，非常難突破的一個關卡。

二、他通過海軍的試驗，得到了工作；他學會了兩種語言，跟著船環遊世界。雖然這並不是什麼了不起的成就，但以他的出身背景和遭遺棄的經歷來看，卻是相當難能可貴的。即使他未被遺棄，從小和母親在一起，在他母親住的地方，毒品和幫派如此盛行，一個小孩如果不去混幫派，就已經是非常難得的了，看過史派克李和約翰辛格頓的電影如《鄰家少年殺人事件》等，或許可以理解這樣的說法。

三、他和女朋友發展出穩定的親密關係，女朋友即使知道他在接受心理治療，也願意和他在一起，犧牲假期和他一起踏上尋親之旅。這是對他這個人——注意，是他這個「人」，不是他的存款簿、頭銜、地位或其他附加價值，而僅僅是對他這個人的肯定。情感的支持如同穿在心上的盔甲，給他安全和安定感，當他對著過去憑恃威嚴、地位和體型而霸凌他的人，平順卻有力地說，「我沒有被打敗，我還好好地活著」，觀眾感受到的，是一場屬於生命和人性的勝利。要不然，安東費雪，一個默默無名的黑人小男孩，逃離了寄養家庭無處可去，徬徨的靈魂，又將會演變成什麼樣子呢？

費雪與母親會面，展開動人的生命告白，母親啞口無言，不知如何面對突然出現在門口的兒子，費雪的告白其實是獨白，訴說對母親的孺慕與想像之情，這時的母親其實只是個「形象」。他毫無對母親的回憶，親子間也沒有發展出任何親密關係，只有藕斷絲連的血緣。「小時候，我一直在想像妳會是什麼樣子，走在街上，我總會想，妳會出現來接我回家。我跑過一個街角，想妳會出現在下一個街角，但是妳並沒有出現。」訴說的，就是這個意義，既然只剩下血緣，沒有其他的情緣，他終究選擇走出去。

有些人會問，如果沒有這場遲來的見面，其實並不會有什麼影響嘛，走出情緒障礙的安東費雪仍然會和女友發展出穩定的關係，正如那位台灣女歌手，不見母親，她的唱片還是會大賣，一樣功名成就。然而，那塊童年遭遺棄和霸凌後留下的空缺，如同拼圖的缺角始終沒有人能夠填補，內心的烏雲也不可能吹散，罩在心底如濃濃的愁緒，如屋裡亂竄卻飛不出去的蝴蝶，只有去面對、解決。

然而，差別就在於，在那會面的剎那，要咬牙切齒迸出「我只是想看看妳是不是還活著」，讓那烏雲順勢下起一場大雨，還是平靜的說再會，離開，求得內心的風和日麗。

安撫內心的小孩，告訴他自己不復當年的脆弱無助，這是從一九八〇年以後，西方助人行業的一個主流趨勢。在約翰布雷蕭、查理斯懷特費德、艾麗斯米勒的著作裡，都有同樣的描述。套用寶琳瓦林（Pauline Wallin）在《馴服內心壞小孩》一書的說法，「內心小孩的主要工作在於確認所有因父母及其他照顧者引起的痛苦，並對這些苦楚感到憂傷，透過這個憂傷的過程，內心小孩敦促我們重新經歷兒時壓抑的憤怒、孤單、哀傷和其他強烈的情緒。」

「簡言之，內心壞小孩是我們內心永遠都不會成熟的那一部分，它是我們童年時代殘存的遺跡，且將會一輩子緊跟著我們。當我們的情緒按鈕被觸動時，內心壞小孩就會做出強烈且衝動的反應，以立刻滿足其需求。如此一來，可能造成我們及週遭的人一片混亂，或造成損傷。」注意到此處提及的「情緒按鈕」，寶琳瓦林寫道：「情緒按鈕就是我們對傷痛往事的回憶，我們曾經因這些遭遇而感到憤怒、懼怕或羞恥。每一個人都有情緒按鈕，有些人的情緒按鈕含有憤怒的聲音，有些人則含有遭受損失、或被拋棄、羞辱的經驗。每個人的情緒按鈕都不一樣，它會隨著個人的創傷回憶、出身背景和個性的不同，而有所不同。」

以前在學校讀諮商課時，學到的是「情緒按鈕」可用來獲得我們想要的情緒，當我們覺得有壓力、或沮喪時，就要想像按下一個情緒按鈕後，心情就會恢復寧靜自在。這是需要練習的，譬如右手做出一個ＯＫ的手勢，再配合深呼吸和放鬆訓練。因此，當負面情緒升上來時，會自然而然做出一個ＯＫ的手勢，讓身體懂得放鬆下來。而瓦林提到的情緒按鈕則像是「觸景生情」，那個按鈕有如警鈴，一旦響起，就會讓我們驚慌失措，以為心裡或身體哪裡著火了。

在電影裡，當丹佐華盛頓告訴費雪，要跟他說再見，讓他去找親人時，費雪卻回報以驚恐和極強的反應。他的「情緒按鈕」就這樣觸動了，以為丹佐華盛頓也要遺棄他，雖然情境是如此地不同，一個是童年好友搶劫時被殺，另一個是成人和成人間建立的諮商專業關係，但當內心壞小孩觸動情緒警鈴時，縱然沒有火苗竄出，也會引發一場假警報，他已分不清是真是假，陷入了和過去一式一樣的驚恐反應。當費雪的好友拉著他去搶劫商店時，商店老闆冷不防抽出槍往好友頭上開，費雪聽見門口的牛鈴響，他慌張地奪門而出。如果這件事發生在現實人生，極可能以後聽見牛鈴響，就會出現類似的情緒反應。如果他自己不把事情講出來，旁人將不可能得知緣由。

在現實人生裡，童年害怕遭遺棄的經驗，讓我們或多或少都埋藏著許多無名的恐懼。事實上，像費雪那樣的經歷，也常常發生在我們的社會裡，這個現實的社會，時時會重現霸凌和被霸凌的經驗，或者，被丟棄在醫院，連爸媽都不知是誰的孤兒，跑過一個街角的心情卻如此逼真。他們的成長路上，可能還是要多一點的運氣，才真的像那部電影的片名一樣，在生命最關鍵的歲月裡衝出逆境。

8 創傷後才開始的創傷

post，形容詞，指的是在什麼後面的狀態，自然當不了主兒，它只像是個跟班的，主兒做了什麼事，後果全由它來承擔。這個主兒可能就是親密關係裡的霸凌，可能是一場戰爭（後冷戰），一種意識形態（後現代主義），或者一個非常具有殺傷力和震撼力的事件，如台灣的颱風和風災。

trauma，名詞，除了不小心跌倒撞傷，留下傷口外，trauma應該視為抽象性名詞，畢竟，心理傷害、創傷、驚嚇這些純粹內心裡的東西，實在很難用一種具體的方式來測量或形容，但透過電視的即時轉播，任何一場天災、人禍，甚至恐怖份子攻擊這類世紀事件，心理創傷的力量總會蔓延。

霸凌上電視轉播，應該也可以從這個角度觀察。當然，還不致厲害到會有霸凌的即時轉播吧，如果有的話，校長和家長，大概用百米賽跑的速度也要跑到現場，不是為了出鋒頭，而是趕緊阻止事態嚴重下去。

但是，用手機拍攝下來的霸凌場面貼上網，一時就有那點即時播出的意味，也許還可加上post，稱為「後現場播出的霸凌」。這種電子時代的霸凌，跟茉莉花革命後群眾在電視轉播前發動抗爭一樣，如果造成了傷害，也會比以前沒有電子轉播時還來得嚴重。當遭霸凌者想到他受害的場景不知被轉貼多少次，連遠在天邊的陌生人都可能看過以後，他的Post-Trauma的時間將會無限期的延長。

十幾年前，Post-Trauma這個字眼，在小一點的字典裡還不一定找得到。但現在心理治療界則一致認定，Post-Trauma將會是新興的「世紀之病」。這到底算不算拜天災人禍增多，世界上人與人間的衝突也愈來愈多，愈來愈激烈之賜呢？

根據台灣兒福聯盟的統計，在一千五百一十六名小五和小六生、一千二百一十二名國中生裡，每五名學生中有一名，每個月遭霸凌的次數超過三次。還有，當你為這個數字所驚嚇時，請記得有將近二十%的學生承認，曾以行動或語言霸凌同伴。當我們以為，Post-Trauma只會發生在風災、九二一倖存者這些天大事件後，霸凌這麼普遍，其實讓Post-Trauma變成孩子成長中必須面對的課題，有點像吃多了糖就得小心得蛀牙。

會有哪些現象呢？我們先挑嚴重的講（當然，我這樣做是有用意的，容後再稟明。），就拿美國九一一恐怖分子攻擊事件來說吧，自從恐怖分子選定九一一（美國的緊急求救電話，這算不算一種黑色幽默？）攻擊紐約的世貿雙子星大樓後，美國打九一一求救的電話也真的跟著激增，防範恐怖分子發動生化戰的防毒面具，成為暢銷商品。十月八日美國向阿富汗發動攻擊這一天，時代雜誌的女記者接受CNN訪問時說，現在的美國人變得比以前親密，到哪裡去都會給家人或朋友交代行蹤，「如果過了十五分鐘，還沒有我的消息，記得趕緊去報警，說不定恐怖分子又發動另一波攻擊了。」這樣下去，日子肯定不會好過到哪裡去。

這位女記者還說，過去你如何控制、處理自己的情緒，特別會在這種危機的時刻，毫無保留地顯露出來。

她的觀點，也符合心理學界的想法。許多心理治療師就說，人們對創傷和災難事件的後續反應，其實決定於他們的性格，和過去有沒有處理過類似遭遇的經驗。事實上，希望所有人都出現同樣的反應，是幾乎不可能的，有人急著入伍要報效國家，也有人趕快去買抗生素和防毒面具，恨不得在自家後院挖防空壕；有人拋棄節食計劃，先大吃大喝一頓再說，但是也有人假裝什麼事情都沒有發生，照常過他們的生活——這些全都是Post-Trauma的現象。

回想台灣九二一百年大震後，許多災區的居民一、兩年後也會有焦慮症狀。然而，有些美國的心理學家卻注意到，過去曾經因為沮喪或焦慮症狀接受過治療的當事人，卻在恐怖攻擊後出現好轉的跡象。

傑利萊洛斯是在華盛頓執業的心理治療師，同時也是美國「焦慮失調協會」的主席，他說，攻擊事件發生後，有名二十年前由於不敢坐飛機前去接受他治療的當事人打電話給他，說他自從飛機攻擊世貿大樓後，已經去坐過三趟飛機。當然，不是因為他比較勇敢，而是過去他為了克服飛行恐懼症，已經接受過很長一段時間的治療，那些過去學得的技術和法門，特別能在眾人視搭飛機如畏途的時候派上用場。

針對這個現象，心理治療界提供的一個解釋是，患有焦慮失調或情緒問題的人，總是過於將注意力放在自己的內在問題上，誇張了自己對事物的感受。如今，外在環境卻發生了如此重大的事件，那麼多人一剎那間就遭逢巨變，相形之下，自己的問題也就顯得不是那麼嚴重了。能夠這樣想，他們對自己的心理問題也就能產生另一層領悟，較能紓解自己的心結。

創傷和危機後，還會出現許多心理質變。當時如果你仔細看報，說不定就會看到「恐怖性愛」這個名詞，形容紐約人性愛次數增多，親密關係也愈靠愈近的現象。

事實上，無須歷史大事來告訴我們，每當集體性的創傷和大災難後，我們內心最深層細緻的需求，就是回過頭尋找愛我們的人。許多人會大吃大喝，不再管身材或營養學家的建言，有人上街瘋狂搶購，看電影的人潮也變多。還不是很熟的異性朋友，現在卻不顧一切地縱情性愛，藉此逃避集體高焦慮感，彷彿末日來臨前的狂歡派對。

但是，霸凌後的創傷，會導致這樣的情況嗎？我想還不至於吧，但當你還處在霸凌的威脅裡覺得自己孤立無援，明天或者預期內的日子，你都還得去面對霸凌者時，高焦慮感其實是相通的。然而和天災或九一一恐怖攻擊事件相比，你會不會覺得心情好過些了呢？

一直強調霸凌的可怕和傷害，當然是對的，確實也是如此，但且讓我們運用一些認知治療的法門，和那麼多可怕的事情相比，我們也可將霸凌當作是成長的一場磨練。霸凌新聞間，會不會讓我們知道，誰是真的愛我們的人，或者，讓我們更懂得愛人。

所以，你喜歡Post-Trauma這個字嗎？肯定是不喜歡的。雖然那裡面藏著許多的面相，但我們總希望在這個字眼前面再加一個post，希望事件及其後遺症趕快成為過去。最好，從來沒有發生過。

9 虛假的男子氣概在作亂

男孩從小學到處理情緒的方式就是：「打落牙齒和血吞」，如果感到受傷害，或是被人欺負，他就要反擊回去。從電影、電視和最流行的網路遊戲裡，訊息就如此一再地閃現，「不還擊，不算男子漢」。你以為還擊最常用的方法是什麼嗎，當然就是拳頭，以暴制暴。

有個媽媽得知兒子在學校有霸凌行為後，一直搖頭說不信，她辯稱：「我家最重視和平了，孩子小時候，我都要他好好地照顧小動物，更別說會去打人了。」但兒子卻告訴媽媽，這樣，他在學校才不會被欺負，也不會受到傷害。當然，有這樣的想法可能不是來自媽媽，可能來自父親，或他看到的其他父親、成人有暴力的行為。

另一個男孩說，如果他在學校不裝得酷一點，其他男同學就會說他「娘」，而女同學自有小圈圈，根本不會跟他在一起。對這個男同學來說，同儕不認同他的痛

苦和煎熬，遠超過他對暴力的厭惡。早年日本作家三島由紀夫的小說《午後曳航》中集體殺貓的男學生，或是威廉高定的《蒼蠅王》，那群流落荒島充分流露人性醜陋面的男孩，在現代的語言裡，同樣的，是男子氣概作祟的緣故。

孩子背著書包上學校，看起來陽光開朗，但從最近發表的幸福指數量表，窺探他們內心世界的荒涼，他們其實早就是悲傷、孤獨、困惑的一群，只是，成人們早就遺失了可與他們溝通的語言。雖然現代社會對性別的看法，早就傾向多元，藝術還興起了中性的潮流，說歸說，在霸凌風裡我們早就注意到，社會仍然要求這群男生擁有陽剛氣概，並因而使某些人掙扎、徬徨。

在多數國家裡，暴力還是男性所為的居多，幾年前，馬克波普在美國《婚姻家庭諮商月刊》發表了一篇報告，指出該國男孩與暴力有關的數字：

1. 十六歲的男孩中，有十%曾被人踢過鼠蹊部。

2. 意外死亡中，年輕人占七十八%，其中死於車禍肇事的占七十五%。

3. 三分之一暴力罪犯的年齡，在十二到十九歲間。

4. 青少年死因第二位的是「謀殺」，死亡人數中，有二十二%年齡在十四到二十五歲。男孩死亡的人數，是女孩的四倍。

5.介於一九七九年到一九九一年間，在十四到十九歲間的人口，有將近四萬多人死於手槍之類的輕武器。

6.在一九九四年，每十萬人中，就有四九．二個年齡在十五到十九歲的年輕人死於輕武器。除了戰爭時期，這該是歷史的最高紀錄。

7.自殺是十五到二十四歲人口中的第三大死因，男性的比例是女性的四倍。

看到這些數字，我們可能會以為，如果把男性拿掉，霸凌即使不絕跡，也會大幅降低發生比例。事實上，台灣有管制槍枝，所以情況還不像美國那般惡化，像科倫拜校園那種被霸凌者持槍報復的情況，如果發生在台灣，實在不敢想像。

科倫拜校園事件，是霸凌與反霸凌間，最血腥殘酷的事件，但其背後的動力，真的就如心理學家米勒所說的，暴力起因於「害怕」。波拉克則認為，暴力是因為男孩過早進入成人的世界，而且沒有愛和旁人的支撐，他把內心的不安用一種外在的型式表現出來。有時候，男孩用暴力來防禦自己，要停止別人對他的侮辱和傷害。還有一派是比較生物取向的，認為暴力和男性賀爾蒙有關，如果你也相信這種講法，從食物和運動來調養男孩的體質，就顯得有需要了。

波拉克曾提出社會化對男性氣概的四個基本要求是：

1.禁止像女孩那樣來表達感覺和情緒。

2.要不斷地往上爬，如果在學校裡，就是要成為同學間的大人物，而且要表現一副耍酷、從容不迫的德性。

3.從不會喊痛，喊痛實在一點也不酷，當然，敢去傷害別人，被認為是一種不示弱的表現。要有能力自己去解決問題，不須靠外援。

4.自我是虛假的，包括勇敢、逞強、鬥狠。

你是否也清楚地感受到，我們最熟悉的校園霸凌，多半起自於這四種要求？

波拉克也提出了讓暴力，特別是終結男孩暴力的五個處方：

1.首先是瞭解男孩暴力的真正成因，社會是否強加上了價值觀和需求，讓男孩開始隱藏起他的情感呢？在早期，我們就要對男孩傳達的徵兆有所察覺。

2.學習換個方式和男孩談話，或許，過去的方式也是男孩隱藏起情感的一個因素呢？當兒子哭時，你有跟小男孩這樣說過：「男生哭，羞羞臉」嗎？現在的新方式，要讓男孩不會因為分享感覺而感到羞恥或恐懼，所以，當他們這樣做時，切記不要當下就給負面的評價。

3.學習接受男孩的情緒表達進度，不要操之過急，或者強迫他們。本質上，男孩表達的方式和女生是有所不同的，請給他們多一點時間。

4.設計活動，引導男孩說出心中話，不要強迫他們。

5.讓男人藉由經驗分享，幫助男孩卸下防衛面具。

關於第五點，還可拉出男人，或者父親對男孩的影響與介入。在霸凌新聞報導裡，常看到記者報導到霸凌男孩的家庭，不是出自單親家庭，就是父親長年不在家，還有些是爸爸百方迴護自己的兒子，或者爸爸本身就曾有過暴力的記錄，這些報導本身就明示著一件事，父親對男孩所扮演的角色。然而，父親可以，也應該做的事包括：

1.父親可以示範身為男人有多樣的角色選擇，不是只有男性刻板印象的那些才算，男人也可多愁善感，當個好的創作者；男人也可以當護士，發揮照顧人的天賦。

2.發展出「無暴力時間」，在這段時間內讓兒子卸下防衛面具，不再覺得羞恥。

3. 幫兒子發展出同理心，最重要的是，瞭解事情原因的能力。

4. 建立父子間的情誼和默契，讓兒子不致覺得孤立無援，或不被人瞭解。

5. 和兒子一起觀賞討論電視中有關暴力的節目，當然，也包括對霸凌新聞的討論。

10 當學習勇氣變成真的需要勇氣

有部《蟻丘霸凌者》的繪本，數年前曾拍成動畫《聯合縮小兵》，廣泛運用為反霸凌的教材。加上近期的《事發的十九分鐘》，或者狄更斯的《苦海孤雛》、《孤雛淚》，文學裡的霸凌早有漫長歷史。

虐待、侵犯、身體的暴力，或社會攻擊、人際孤立都屬於霸凌，其實，在霸凌氛圍裡，考驗的卻是「勇氣教育」。

霸凌者當然都不算是勇者，只會找弱者當出氣筒，就像《蟻丘霸凌者》的小男孩用水灌蟻丘，料準螞蟻只會無奈承受，直到男孩變成螞蟻的尺寸，才感受蟻丘裡的驚慌騷亂。然而，當小霸凌者要挺身面對比他力氣大、能力比他強的對手，他才發現自己其實是沒有勇氣的。

同樣的，台灣也是個缺乏勇氣特質的社會。從小，我們對孩子的期許是成為菁英和傑出者，卻較少有解決問題的教育。要當上菁英學生靠的是讀書考試，要能解決問題，包括不使自己變成遭霸凌者，同時也不要起念欺負弱者，需要真正的勇氣。

輔仁大學護理系的卓妙如曾針對台北市四到六年級的國小學童，進行勇氣特質調查，結果發現，有九成學生缺乏勇氣。此處的缺乏勇氣指的是安於規矩、不敢嘗試、遇事情就退縮或消極以對，而在霸凌事件裡，這群人也就是理所當然的旁觀者。

把孩子第一線會遇到的問題，全推給老師或校長通報，其實對孩子的心靈傷害已經造成了。孩子從小學起或許就該學習，如何裝備自己去面對問題，如何使自己不要成為遭霸凌的對象。如果把事情都推給老師處理（當然，正常的程序是會走到那一步的），或許就剝奪了孩子學習勇氣的一課。

我想起在某部英國電影看過的一幕，孩子帶著嘴角的血來找爸爸，「爸爸，約翰打我。」爸爸為他擦拭血痕，記住，這個關心的動作是必要的，「孩子，血擦掉了，找回你的勇氣，再去面對約翰。」這是台灣家長無法想像的一幕，我沒有鼓勵不分青紅皂白去面對的意思，重點在於，如何幫孩子找到勇氣，他們終須自己步上人生舞台。

如果缺乏勇氣，不敢面對問題，不表示就不會受傷。蔡媽媽的女兒小燕，放學途中目睹高年級的男生欺負體型瘦弱的同學。小燕心跳加速，趕緊跑回家，以為離開現場就沒事了，那晚卻輾轉難眠，內心一直責怪自己，為什麼沒有伸出援手？蔡媽媽問小燕，如果重來一遍，會怎麼辦？小燕想了一會兒，承認她還是可能嚇得抽腿就跑。蔡媽媽回想起自己念小學時，班上也有個男生專愛欺負女同學，每次她也只想跑得遠遠的。

「霸凌」是台灣許多學童的夢魘，有些小朋友一想到學校裡橫行的小霸王，乾脆連學也不想上了，而家長卻矇在鼓裡。根據兒福聯盟發布的統計，每兩個學童裡即有一人曾遭霸凌，美國的資料則說每七分鐘就有一個人會被欺負。這些被欺負的小朋友，六成是因為個性、身材較吃虧，他們不知道如何求助，也較缺乏資源，因而更容易淪為遭霸凌的對象。

蔡媽媽跟我談起這件事，為沒有能「教出一個有勇氣的小孩」略有自責，我卻認為，這和勇氣無關，欺善怕惡，其實是人的某種動物本能。要消弭霸凌，須讓反霸成為一種文化。提防你的孩子成為小霸王，別因為看對方身材小或是跟自己不一樣，就欺負人家。對於被霸凌的小孩，我們要教導他們學會果斷表達的技巧，最少，要知道呼救。旁觀者、家長、老師、學校更要聯手形成支援網路，別再讓被欺負的小孩落單。

我講得有些激動，差點以為僅憑一個小爸爸的力量，就能喚醒這個把強欺弱、有拳頭就有力量當成習慣的社會。眼望著社會亂象，許多台灣父母的心裡，必曾擱著這層憂慮，不知自己的小孩在外面會不會被欺負。另一方面，「小時小霸王，大時大惡霸」更像是成長的讖語。因此，當霸凌事件持續發生時，無論站在哪一邊，都注定有人受傷。

我還想起了趙媽媽的故事，她的孩子同樣念國小，有一天，孩子從學校回來，跟平常不一樣，顯得悶悶不樂的，都不講話。趙媽媽還以為他是不是在學校被欺負了，又不敢講，這時需要一些溫情，平常就要鼓勵孩子，有什麼事情，都不要怕跟父母講，讓父母做他的後盾。後來趙媽媽才知道，不是孩子被欺負，而是他看見有同學在學校欺負孩子了。我在前面其實已提到過，許多媽媽和孩子都談過這件事，很多孩子都從霸凌現場逃走了。等到他們回到家，又覺得自己沒有勇氣，是個懦夫。

嘿，讓孩子有這種感覺，或知道孩子已有這種感覺，卻不知如何處理，或放在那裡任由發酵，其實也算是種霸凌吧。

畢竟，爸媽們要知道，要一個十多歲，差不多進入青春期的孩子，跟父母分享他們被霸凌的經驗，其實已經很不簡單。如果，你跟孩子沒有這方面的問題，他都很願意跟你分享他的內心世界，那是你平常重視親子關係的結果。我相信你一定是個很民主，跟你講了事情可以很放心，你也不會大事宣揚，像做廣播電台似的父母。

如果平時在家裡，你們是個比較權威型的家庭，父母有事都自己決定，堅持父母對孩子有指導權，或是「小孩子有耳無嘴」整天掛在嘴邊，到時候，孩子也會以同樣理由三緘其口，表面上的理由感覺很好聽，就是堅持隱私和獨立權，其實，他是把內心世界給封閉了起來。再者，霸凌是何等嚴重的事，要把心裡話公諸出來，更是難到嘴巴像是被強力膠黏起來似的。

但是，如果把這種時機當作一個機會，這類事件，卻可能是改善親子關係的關鍵，首先，你一定要能表現出對孩子的情感支持。我來講一個不好的示範，有個爸爸在公司是主管，很強勢，但兒子身子瘦小，照現代年輕人的用語，就是「有點娘」，他在學校真的被同學推擠了，回到家，爸爸叫住他，問他臉上的擦傷哪裡來

的，他怯生生地說：「是地上滑，自己不小心跌了一跤。」根本不敢跟爸爸講真話，怕爸爸會罵他，說他沒有用。過了幾天，臉上的那個小擦傷，變成了要去醫院掛急診的傷口了，因為，學校裡那批霸凌他的同學知道，他是可以欺負的。

情感支持講得很容易，但卻沒有多少父母真的可以做到，而且，每個小孩的成長背景都不一樣，一個受虐或不當對待的孩子體內，藏著許多複雜的情緒，那些情緒，有些還是父母無法去命名或體會的。當他們開始把情緒向父母拋出來時，父母是否就有辦法接住，當孩子最好的情緒詮釋者呢？用一個電影的比喻吧，你可以是孩子的「心靈捕手」嗎？

美國作家沙林傑那本青少年成長小說《麥田捕手》，能夠成為名著，其中，他藉著主角的口說，想做個懸崖邊的捕手，不讓球掉下去，這是個非常動人的文學修辭，每個父母都該找來一讀。

《麥田捕手》的青少年與人群疏離又顯得那麼犬儒，憤世嫉俗，有沒有可能，沙林傑在講的其實也是一個霸凌的故事。我們這樣看好了，如果曾經有遭到攻擊的經驗，會有受傷的情緒，當然那個攻擊的定義因人而異。大部分情況下，自覺受到不公平待遇的孩子，容易出現憤怒，稍為長大後自然就變得暴怒、情緒取向。如果面對外界，那是個對他來說非常陌生的世界，他不知該如何反應，也不知外界會如何回應他，他就會覺得無助。「無助」是許多被霸凌後沒有得到適切回應的小孩，自然浮起的感覺。

好吧，這樣的小孩，一個受傷的內心小孩，響起了情緒的警鈴，當他轉向父母的援助，他要的是安全感；如果事情曝光了，很多人都知道了，他也會感到尷尬及羞辱感。羞辱最後會形成一團迷惑，濃到一輩子都可能解不開。

多年前，我曾經在一本書上讀到，羞辱與迷惑的關係，我記得那段話是這樣寫的：「迷惑開始於遭羞辱的心情，其實，我們全部的人性能量都有可能被羞辱，絆住我們建全發展的機會。」

這麼多種情緒如果一下子全部湧出，其實也不僅僅是情緒，還有知覺、想像、思考、感覺和意志力，要父母接手去處理，父母也可能陷進一團糟裡。父母自己小時候，極有可能，也是個迷惑與遭羞辱的人，也從來沒有人教會他，給他足夠的關心或勇氣，現在，他要用什麼來關心自己的小孩，給他足夠的勇氣。

孩子鼓起勇氣講出被霸凌，那是他的能量和需求都面臨考驗的時候，這時，父母就要學習做出適當的回應。先不要一開頭就去怪罪學校和老師，如果，你本來就很少去學校，親師聯絡簿也只簽名了事，你不太知道孩子在學校上課有些什麼樣的困難沒有，這時，你的反應能不能解決事情，或僅是一種發洩？

許多父母通常聽到孩子被霸凌，會聽得冒火，一肚子氣，就想跑到學校興師問罪，幫孩子出這口怨氣。如果是功能不建全的家庭，孩子就好像是全家人在這所學校的代表人，隨著孩子被霸凌，你會感覺是你這一家整個也被對方欺凌了。這時，你錯誤地以為自己去學校，是要去為家庭和孩子爭名譽的，但當其他家庭的家長也這樣想時，問題便顯得有些複雜了。

這時，父母宜暫且冷靜一下，先把問題還原到現實面，問清楚事情的原委和經過，有哪些人，他為什麼會成為對方受虐的目標。通常，如果受虐經驗會損傷這個孩子的自尊心，他們會把責任歸結到自己身上，以為一定是他們自己有缺陷或做錯了事，同學才會欺負他。父母最好能幫孩子把事情真相釐清，不要一開始過度反應，認為所有問題都是尊嚴的問題，把一件小糾紛搞成大事端。

現在的父母大概小時候也沒有這樣被對待過，但我們是可以有所改變的。在心理學裡，這種反轉或許可稱為「再造父母」。父母也請記得，處理這類事情有個重要的原則：讓孩子覺得他是「社會殘忍下的標的」（target of social cruelty），而不僅是「被害者」（victim），想想看其間的差別吧。我記得許多小時有過被霸凌經驗的人，回想往事時，都難免有「自己是被害著」的情緒。如果覺得自己是「標的」，就會有方法可克服，而不會顯得那般的無助和恐慌。

如果霸凌者是無法去溝通的，還有，不是真的針對他們的。父母和老師可從中協助，會不會在穿某種衣服時，比較會被霸凌。舉個例來說，扯制服口袋的，會不會是針對口袋，而不是針對人。我們或許就可思索如何不要被挑中，像某些地方不要去、某種衣服不要穿之類的，在這種思緒下，事情總是可以改變的，孩子們也可努力地去做改變。

當然，我還是要強調，最要不得的就是「被害者」思緒，在精神分析理論裡，有一個「關係關聯」的術語，就是說在被害情結者的眼中，什麼事都跟他有關，嚴重的，別人不經意的一瞥，都被解讀成要加害他。如果一直處在這種情緒內，最後可能導致自殺的悲劇。

還有心理研究指出，為什麼霸凌時的旁觀者和群眾的冷漠越來越多，那是因為霸凌事件已多到讓群眾出現一種情緒的冷漠和群體受害的情結。當孩子如此看待自己，發現群體冷漠已無法幫到他時，內心的無助感就會一直濃得飄散不去，覺得世事已休，自己再也沒有能力改變，也不覺得自己有挑戰的選擇。這時，父母請謹記讓孩子停留在「目標思維」的必要性，訓練且培養他們擁有新能力，使得虐待和霸凌從此不再以他們為對象。

「目標思維」指的就是目標導向的行為功課，你可以為霸凌的原因做各種研究，舉辦座談會，找學者專家和父母一起來談，也可以做問卷，但在現實生活層面裡，還是得有目標管理上的做法。曾有位老師提出了下列幾項原則，從此就大大降低了欺負和霸凌的情形，而這些，在家庭日常生活，同樣是非常實用的教養法則。

1. 有則新聞提到，霸凌的人會找放學回家落單，又看起來好欺負的學生。為了防止有人落單，成為遭嘲弄的目標。如果看到有人總是離群孤單的坐著，邀請他們來坐在你旁邊，或你過去跟他們坐。

2. 以前美國總統小布希喜歡給下屬取綽號，但他也是歷年總統裡，文字能力最差的一個，被媒體嘲笑了好幾年。真的，許多嘲弄都是從取綽號開始的，我在前面也提到過，取綽號是間接霸凌最常見的一種。尤其，有些名字的發音會產生某種聯想，很久以前，有個學生名叫「殷道生」，同學卻都叫他「陰道生」，讓他沮喪到自殺。所以請記住，要叫對方名字時，最好是經過對方的同意，會比較理想。最少，如果我們沒有霸凌的意圖時，不要去取那種不雅的綽號。取綽號其實也是下標籤的開始，很多種嚴重的霸凌，像是種族、文化或國家間的歧視，就是從下標籤開始的。

3.我還是強調，要有媒體素養。沒錯，八卦、謠言，誰不愛聽，誰沒有背後講過一些關於某人的風言風語。所以我剛才也提到，對於那些八卦節目，最好的方法就是「關機」。從八卦到傷害，其間的尺寸怎麼拿捏呢？不妨就這樣想：「如果同樣的話拿到跟那個人當面講，肯定會傷害到他的，我就不講。」我認識一個職場的高階女主管，她很討厭別人跟她講其他人的八卦，只要一有人來打小報告，她就叫來那個被講的人，說：「某某某說你怎樣怎樣，你有嗎？」這樣幾次以後，這個公司就變得比較光明正大了。

4.不要把「智障」、「白癡」、「笨蛋」、「機車」當成口頭禪。為了防止霸凌和不當的虐待，平時就教導孩子，不得嘲笑，或者玩弄別人的缺陷、無助感或恐懼感，當孩子這樣做的時候，很可能就是霸凌的開始。

5.青少年還在尋求認同的階段，為了得到團體的認同，很多傻事都敢做。但是，在霸凌研究裡發現，有些孩子為了炫耀，向同伴證明他的「膽量」，做出了霸凌行為，所以，無論是父母在家裡、老師在學校都須提防，別讓孩子成群結隊後，卻是去造成別人的傷害。

一個人不敢做的事，一群人就變得敢了，這就是「集體思維」的迷思，也是群眾運動的盲點。孩子聚集後，常會有這種「壯膽」的效果，或者以為同樣的事情，別人都在做，我當然也敢做。套用社會心理學的名詞，這個就叫做「分散責任」（diffusion of responsibilities）。其實，擁有這種心態是很要不得的，父母最好在青年期以前就教導孩子認識到，做每件事情都會產生結果，跟隨結果而來的則是責任。

6.最後一條，可能也是教養和親子關係裡的黃金法則就是：「己之所欲，施之於人」。孔老夫子說的是「己所不欲，勿施於人」，稍後在「霸凌」的結論，我們都能體會到，無論儒家、佛家、倫理教育和生命教育，對霸凌所得到的一個共同結論，也就是「己所不欲，勿施於人」。針對一個活蹦亂跳，十來歲的小朋友，這個訓條也許已經足夠了，但當孩子進入十七、八歲後，這個社會期待他的，或他們應該期待自己能夠做到的，應該要再多一點。

用一個更通俗、勵志的說法來說就是：「我想得到怎樣的幸福，就先要給別人那樣的幸福。」別讓孩子變成了典型的「我世代」，在英文裡，那個「我」還是個不可一世的大寫。

如果從小就在玩具堆長大的孩子，父母就該教他明白，把他最喜歡的玩具分享出去，讓別人也沾染上他玩這個玩具時的快樂。也許，就像電影《玩具總動員三》那個感人的結局，分享，其實就是散播了一種愛，把我喜歡、珍惜的也願意送給別人，因為那才能得到物品最大的使用價值。

好吧，就把分享當作一個作業吧。我們對會霸凌、欺負同輩的孩子，通常的教養方式是下達各種禁令，「不可以嘲笑別人」、「不可以欺負比你弱小的同學」，其實，「禁令」的效果還不如從小就把握機會，要他們學會分享，並讓他們有機會說出分享後的感覺。

把霸凌當作一堂勇氣訓練課程吧，雖然，在霸凌盛行的時代，學習勇氣真的需要一些勇氣了，家長請和孩子一起討論想像，如果遇上霸凌，他應該如何處理，把步驟描寫得越具體越好，好像是一次演習。其中包括：一、他可以做到，也可以控制的事；二、他無法做到，也無法控制，需要有師長介入協助的事。哪些是他的責任，哪些則不是。

11 神經質父母擔綱的演出

在許多實務裡，霸凌經常發生在獨生子女身上，也由於現在少子化的現象盛行，孩子比以前少了可傾吐的對象，霸凌也更具有傷害力。

獨生子女的父母常會覺得，甚至非常自覺地，不要讓孩子養成依賴的習慣。像張素美的六歲獨子大宏，常常在半夜溜到媽媽的床上。素美覺得，不可以讓大宏養成依賴父母的習慣，所以一度非常堅持要大宏自己睡一張床。

「一開始，大宏百般不情願地上床睡覺了。」素美說，「凌晨三、四點，一個不留神，他卻自己神不知鬼不覺地躺在我們旁邊了。要他回去睡，他就開始哭鬧，覺得自己很委屈，半夜裡，我覺得大宏很可憐，心也軟了；然而，另一方面，我又認為這樣對孩子不好。」

張素美的矛盾心境，代表著許多獨生子女的父母曾經擁有的心情，素美試著分享：「我知道父母的教養態度和做法，肯定會影響孩子今後的生活。但就睡眠這件事，我也不能確定我的堅持或妥協，對他來說會不會是最好的選擇。我嘗試和他談談，指出他行為裡的缺失，也試圖威脅、責罵他，但我就是不知道這樣做對不對？」

然而，如果把霸凌的因素加進來，設想大宏白天在學校裡遭到霸凌，回家後他又不敢說，父母會不會只看得到他的不安全感？

父母對孩子的教養態度與做法，方法對不對，沒有人能斷定。但是，我們必須將孩子當作一個有連續性的人，才不至於誤會了孩子。

可以肯定的是，素美與獨子的這場戲碼，也會發生在其他的家庭裡，並不因為大宏的獨子身分而有不同。心理學家會告訴素美說：「安啦，大宏不會因為多賴一天的床，日後就變成心理不正常的怪胎。」然而，在獨生子女家庭裡，由於父母面對的是一個孩子的成長，所以問題看起來總是特別地龐大，或與眾不同。

放在霸凌的時空下，獨生子女家庭的父母可能還得多想一下的問題是：我的孩子會比較容易成為霸凌者，或被霸凌的對象嗎？

有位在兒童精神科執業的陳醫師表示，近幾年已看多了帶著這類矛盾心態來求診的父母。她說，這是獨生子女的「特別座」，「因為，如果你有三個小孩，你沒

有時間去想每個小孩在幹什麼，你們的床也不夠三個小孩溜上來睡，而且，孩子間也會產生一種約制的關係，比較不會有人闖進爸媽的房間。」父母要確定的大原則是，自己的教養態度與行為守則，能否帶給孩子安全與愉快。醫師認為，要像有很多孩子那樣去對待你唯一的孩子，但回到現實面，用說的當然容易一些。

以霸凌的處理原則來說，首先要想清楚，父母對霸凌採取什麼樣的定義，是不是「有重複性的欺負」就算，還是容許到父母覺得已侵害到孩子的安全感，晚上跑進父母的房間，只是他在表達不安全感的一種方法。不把自己的教養立場想清楚，有時候，會演變成「神經質父母」。

獨生子女的父母，真的，常常會表現出某種程度的「神經質」。霸凌與被霸凌，只是時間比較接近的戲碼。在好萊塢電影《親密關係》裡，莎莉麥克琳總會神經兮兮地以為躺在被窩裡的小孩沒有呼吸，甚至要把孩子弄哭才覺得安心。幾個世代的觀眾看到這一幕，總是捧腹大笑，但獨生子女增多後，我們輕易發現，神經質的「莎莉麥克琳們」也跟著增多了。如果你是獨生子女的父母，你最好回想一下自己的「神經質」；如果你是獨生子女，說吧，你有沒有被「弄哭」過？

我認識一個單親媽媽也只生了一個女兒，她從孩子小時候就非常擔心「細菌感染」，平常，絕不帶孩子上各種公共場所，連例行的健檢，也不放心帶孩子上醫院，必須讓女兒簡直像是包裹在「太空衣」裡才敢去醫院。這種父母還不在少數，還有人記錄了孩子每天的體溫和排泄狀況，所吃的食物、熱量等，並且製作各種圖表。這些人已算是徘徊在「疑病症候群」的準患者。

也有人在孩子誕生後，開始自以為是的以為「要用犧牲來承擔育兒的責任」，他們不再從事喜愛的活動，不再上音樂廳、劇院或看電影，甚至也不再上館子吃飯。過了幾年這種歲月，有位獨生子媽媽才用帶點後悔的語氣說：「我覺得生下孩子有點像在贖罪。」語氣裡，感受不到養兒育女的滿足感。還有位媽媽自孩子出世後即寸步不離，深怕孩子需要她時，她剛好不在身邊，而她的孩子才剛滿三歲。

霸凌的現象，可能會讓這類型父母越加地「神經質」。如果，擔心孩子可能會被欺負、會受傷，而不放孩子出去，會不會反而延緩孩子處理問題的能力。

李雅帆，另一位八歲獨子的媽媽。她非常贊成給孩子一些空間，每次她由於不忍心而幫孩子忙以後，都會感到無比的後悔。「兒子小千已經八歲了，卻害怕自己的影子。他不敢一個人留在房間裡睡，很孤獨、沒有玩伴，這都是我造成的。」

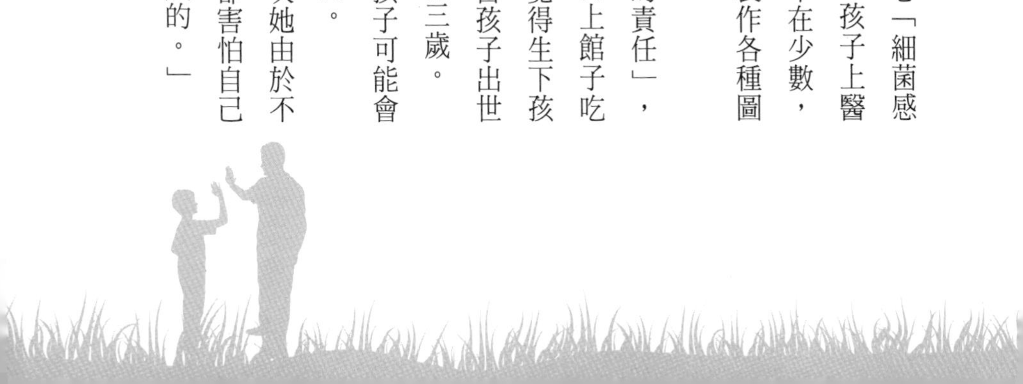

「小千五歲前，我怕他會受傷，什麼都不願讓他嘗試。結果，到了八歲，他什麼都怕，不騎腳踏車，因為怕會摔下來，怕掉進池塘，怕吃魚會被魚刺哽到，事實上他真的哽到一次，後來，必須由我把魚切成一小塊，剔掉所有魚刺，他才願意吃。我能責備他嗎？好幾次親友責怪我太寵孩子，他們講得很對，當初我並沒有意識到，事情會變得這麼糟。」

那麼，霸凌怎麼辦呢？會不會更擔心把孩子放出去，孩子反而會受到傷害？然而，當孩子從小就這樣被過度保護時，在學校那種複雜的環境裡，他的脆弱會更明顯的曝露出來。難怪霸凌新聞熱後那一陣子，小學校門口的家長變多了，他們顯然想延長自己給孩子的「保護期」。

12 男人與女人難解的關係

霸凌不僅發生在校園內，長久以來，也一直發生在家庭裡，而且男人和女人身上都感受得到。

幾年前，中國大陸的媒體曾經報導過，有名三十來歲的丁姓男子，由於常常熬夜加班，太太懷疑他有外遇，常常霸凌毆辱他。

丁先生說，太太使用的手段，包括用指甲抓他的臉，留下一條條的抓痕，還經常威脅要用刀子刺他，「如果我想反擊，她就威脅說要報警，說我凌虐她。」

「我也想告上法庭，但法律專家告訴我，現在的法律對女性較有保障，男人遇上這種事，只有認了的份兒。我現在的生活有如置身地獄，不知如何解脫。」

丁先生的遭遇，或者可稱為家庭霸凌的少數版，然而，無論是身體或者心靈上的霸凌，男性受害者都日漸增多，卻迫使我們得從男性的觀點，觀察家庭關係的變遷。這不僅是「河東獅吼」的「妻管嚴」問題而已，其實也涉及兩性平等的核心議

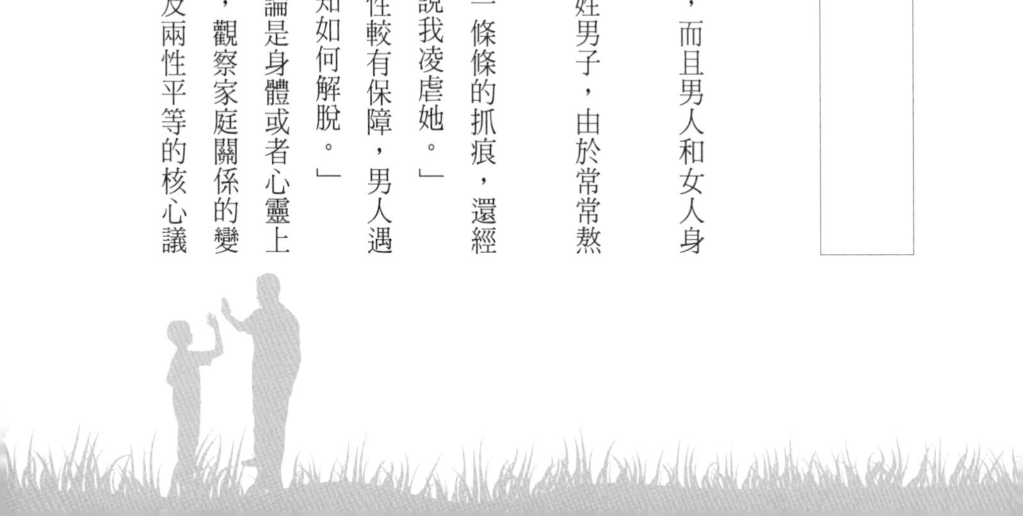

題。

通常，家庭霸凌事件裡，男性既是施虐者，也是遭到最多指責的一方。男性以暴力解決問題的成長背景，確實值得探討。我們在《改變是第三條路》這類探討家暴行為的專書內，總能輕易地讀到這樣的分析：「男人會去做諮商治療通常基於兩種原因：要不是因為被捕後，由法院裁定強迫接受治療；或是因為暴力行為，使他們必須冒失去原有關係的危險。而大部分接受治療的施虐者，會利用並操縱整個療程，他們相信自己將能順利通過治療，無須做任何改變。他們只是把治療當作贏回生命控制權，包括控制妻子、孩子和財產的一種工具。」

裡面還有一章，甚至挑明了「男人的養成即是暴力的養成」、「暴力是男性的問題」，作者說，塑造男人使用暴力，像是戰爭、警察辦案、保衛自己和運動比賽，是社會所認為的一種正常發展模式；另外一個章節，他又告訴我們，男人會使用暴力，「是因為他感到生活已經失控了」。

對啦，都對啦，根據各項統計數字和調查報告，霸凌的多半是男人，暴力的男人真的應該打五十大板。然而，當我們讀遍心理學和輔導書籍後，也找不到一點點線索透露男人也可能是家庭關係裡的弱者，足以解釋為什麼台灣會有個研磨樟腦丸粉末讓丈夫服用的老婆，或為什麼中國大陸有丁先生案例，或者，韓國片《我的野蠻女友》曾經洛陽紙貴的原因。家的「不安全感」來自霸凌，同樣會讓現代婚姻的男人女人們感到恐懼、焦慮、緊張、錯愕和憤怒。如果他們有「置身地獄邊緣」的感覺，卻又覺得尋求協助和公開談論，是件非常尷尬的事情時，我們其實應該鼓勵已婚男人們，學會適時且適宜地表達憤怒和情感。

美國「第三路徑婚姻暴力犯社區治療中心」原創人麥克林賽說：「做為有施虐和暴力記錄的男人，當你感到情感痛苦時，你已經學會用忽略情緒，採取『生氣↓憤怒↓暴力』的模式來封鎖它。」

事實上，能夠表達憤怒，確實有益健康。由哈佛公共衛生學院研究員派翠西亞莫娜恩格領軍，一項以醫療工作者為對象的研究就顯示，比起壓抑情緒的那一組人，懂得適當表達情緒的男人，得心臟病的比例降低五十%。

這項研究找來兩萬三千五百二十二名，年齡分布在五十到八十五歲的醫療人員，要他們評估自己有沒有下列表現：

我會表達憤怒；

我會做甩門這類的事；

我會嘲諷別人；

我會跟別人爭吵；

激怒我，我會反擊；

我會罵髒話；

如果有人惹毛我，我會抓狂，會告訴對方我的感受。

填完問卷後，再繼續追蹤他們的健康情況長達兩年。

這些男性受試者，或許是社經程度較高的緣故，較少會做甩門這類大動作，但多半傾向會表達出怒氣。研究人員其實並不清楚，為什麼表達出憤怒，或其他負面情緒後，他其實就能有效地解脫「生氣↓憤怒↓暴力」這種成長教育加諸在他們身上的情緒鎖鍊，不再將暴力當作抒發情感、解決問題的手段。

所以，應該還有更多的研究，瞭解這群男人的家庭關係，而這樣一路走來，我們至少可歸納出幾個心得。

1.男人同樣會有「我的家『不安全』的感覺」，需要接受諮商、輔導和協助。

2.男人有較高的傾向用暴力解決問題，抒發憤怒。這是事實，但應該視為社會情境和教育制約下的產物。心底，男人和女人一般脆弱。

3.在霸凌陰影下的男人，很難（或者不知道）向外求援。

4.要鼓勵男人適當地表達憤怒和情感，不要只是用「男人有淚不輕彈」、「EQ」、「男人生氣就是不夠社會化，沒有同情心」這類約定俗成的刻板印象，要他們走回去壓抑情感的老路線。

從家庭到校園，我們可以輕易地驚覺霸凌與親人的糾纏。譬如說，一個充滿霸凌氣氛家庭裡出來的孩子，即有可能到校園內學到使用暴力來解決問題，或僅是發洩連他自己都說不上來的情緒。如果，我們沒有全面性地建立起發洩怒氣的管道和機制，把情緒教育當作是反霸凌步驟裡重要的前提，等到發生霸凌才來通報，對所有人都已造成了傷害。親密關係，原本就已經如此地難分難解，加上了霸凌後，就更加難解了吧。

所以，不太有人相信，公主和王子從此就過著美滿幸福的生活，生下了孩子，更加沒有保證。有人用離婚來弭平婚姻的不安全感，學者說，這是由於人們越來越容易在婚姻經驗裡感受到「期望的落差」。好吧，步上紅毯，戴上戒指後，故事才要開始。祝你有個安全和好的家，這是需要努力的。

13 末法時代的霸凌：佛法可帶來清涼心嗎？

時間回到二〇一一年三月，台灣教育界和地方政府已為反霸凌宣示發起過許多運動，包括跳保庇舞（保庇你的孩子不會遭到霸凌），穿粉紅色襯衫（因為粉紅色據說是讓人看了會舒服的顏色，你穿粉紅色襯衫，對方就不會來霸凌你？），但顯然沒有什麼具體的效果時，美國總統歐巴馬夫婦卻在太平洋的另一端，在電視機前親身反霸凌。我們才發現，嚇，多種族、多文化兼且多元的美國社會，孩子間的霸凌比我們這邊可嚴重得多，嚴重到連全世界最有權力的人——美國總統都必須親自跳出來。

歐巴馬是美國第一個黑人總統，他必定對校園內黑人學童遭到的霸凌，有更深刻的體會。就連歐巴馬剛上任時，以白種人居多的歐洲政壇，都有位凸槌的總理說他黑得像「黑炭」，難道，這也不正是一種霸凌嗎？

說到膚色，有位曾在美國念過書的朋友，就說黃種人在美國白人居多的初、高中，遭到霸凌、歧視、嘲笑，「那可不是你能夠想像的，台灣那種霸凌，算什麼，只是小兒科。」

還有一位念文化研究的學者認為，基督教國家裡可能更會出現霸凌現象，《聖經》創世紀就有亞當兩個兒子的霸凌，《出埃及記》寫了約瑟被兄長們集體霸凌，還丟進了古井，更著名的是大衛用彈弓對抗巨人歌利亞，那個巨人在聖經及往後的文學裡，始終就是個霸凌的醒目象徵。當然，請耶穌基督原諒我這個迷途的羔羊，我自己可沒有這樣的意思，但我突發奇想，台灣的信仰還是以佛教為大宗吧，會不會修佛法的家庭，可以為霸凌找到一個出路和解方呢？

霸凌，這場來自教育，卻直通人性的危機，有化解的機會嗎？翻開佛經，其實佛經某些故事就有霸凌的影子，顯然只要有人群就會有欺凌的現象，在古印度大地同樣如此，但我們也經常讀到佛陀和諸菩薩運用慈悲心和佛法，感化對方，精進佛理的故事。於是，我們瞥見了一絲神聖的希望。

為了想了解我心中的疑問，我設計了一個小小的質性問卷，針對某個佛教社團的信眾發出問卷，希望從瞭解裡為熾熱的霸凌尋找一帖清涼的解方。

首先，我當然想知道，霸凌到底有多普遍，在回應佛教徒的答案裡，霸凌和對

霸凌的擔心，是否符合其他機構所做的調查數字。我樂觀期待，如果比較少的話，會不會是這些佛法家庭所教養出來的佛的孩子，本身就較具備和諧、與人為善的氣質？

台灣的兒福聯盟一直在關心霸凌議題，跟據二〇一一年初調查發現，有近兩成國小、國中學生（十八．八％）表示「最近兩個月內，經常被同學霸凌（每月二、三次以上），觀察二〇〇七年至今四年來的變化，增加幅度高達六成。此外，也有一成左右（十．七％）的學生坦承「最近兩個月內，有欺負、嘲笑或打同學（每月二、三次以上）」，可見校園霸凌是相當常見的現象，絕非僅發生於少數學生身上而已。

根據HBSC在二〇〇六年的調查，進一步比較台灣與四十國十一、十三、十五歲孩子被霸凌的狀況，台灣男生有二十二．一％被霸凌，在HBSC排名中佔第二十位，女生受凌者比例則為十四％，佔第二十一位，女生略微嚴重（排名愈後面表示愈嚴重）。兒福聯盟認為，與其他先進國家相較，台灣校園霸凌問題屬於「中等嚴重」的程度，比英國、瑞典都來得嚴重。這是我從兒福聯盟一篇調查報告中看見的數字。

在我的質性調查裡，關於「你家，或所認識的人群裡，有出現過霸凌現象嗎？」的問題裡，回答「有」的比例高達四成，雖然只是個小樣本的調查，卻也看出這個問題的嚴重性。如果將回答有的算做一分，回答沒有的算做零分，霸凌的分數看來是高的（○．四一）。有一位信眾回答時特別在此題標明「非常！」也讓我更想去關心她家裡的狀況。

回答「如果您的子女正在中小學就讀，您會擔心他們遭到霸凌嗎？」則清一色得到正面的回答，霸凌現象確實是會讓父母感到擔心的。由於這是個假設性的問題，問卷中有幾位還在就學，甚至今年才十九歲的女性信眾，特別標明現在沒有小孩，但如果有小孩就會擔心。顯然，在末法時代裡，霸凌現象再度喚醒我們的憂心，並不是偶然的，也許在濃烈的危機感裡，就是轉換清涼心的時機。

在「您認為讓年輕人親近佛法，有助於降低他們的霸凌行為嗎？」，幾位信眾提供了寶貴的想法，一位皈依佛法已八年的媽媽寫道：「親近佛法除了有助於降低霸凌行為，且更能夠讓受霸凌者有智慧解決困境。」所有的回答，也都給了正面的答案。但那位曾回答認識的人裡有「非常多」霸凌現象的女信眾則表示，「很難說，信者信，不信者多說無益。」有位甚至寫道：「當然會擔心，必要時轉學，或

我每天到校陪讀——如果我孩子可接受的話。」

事實上，在進行一些以佛法、讀佛經為題材的課程後，學習者確實比較能夠增進情緒管理的能力。簡單地說，學佛法的人的情緒分數會比較高，最好，還能引導他們學習用冥想和深呼吸來克制內心澎湃湧起的情緒。

然而，當我與在國中校園教書的朋友分享這個想法時，他覺得其實沒那麼簡單，「那些會出手霸凌的學童，本身同情心、體諒心就比較低，他怎麼會乖乖的接受佛法的薰陶呢。」他還說，讀四書這種來自高等教育界的意見，他也實在難以恭維。

還有一個值得注意的是，回應的皆為女性，還有九十%已是媽媽，年齡則為三十歲以上這一群為多。她們皈依法師，參研佛法的時間半數在四年以上，也因而顯現出她們對霸凌問題的特殊觀點。所以，這有一個可能性就是，對霸凌的關心，其實真的有性別的差異，一般上仍會覺得這是媽媽要去關心的問題。在霸凌的討論裡，爸爸角色多半是缺席的，而這確實讓我們更加擔心。譬如，在本書另一篇文章中，我就一再說明，許多霸凌的孩子其實是出自虛假的男性氣概，所以，爸爸更加不能缺席。

對於霸凌，您希望佛教界能夠做些什麼？關於這個問題，有位媽媽表露的心聲是：「宣導倫理教育和佛法的重要。」事實上，這個想法與許多佛教法師的開示，正好不謀而合。

有位法師提到，我們的社會沉浸在一片亂象裡，什麼都亂，最主要的還是價值觀錯亂。當大人都扭曲事實，黑白不分了，小孩當然也就跟著亂，分不清霸凌是不好的行為，是不應該做的。

社會的多元化，包括宗教上的多元化，或許是無從抵擋的潮流，但多元絕對不是為製造出衝突矛盾，心在感性與理性間的選擇，同時保持平衡，還是一項重要的「心」課題。這位法師說，在感性和理性的光譜間，太過理性會變成冷漠，太過感性，卻有變成專制的可能。從更大的視野上來看，「人權」與「人道」如何取捨，孰好孰劣，確實值得在霸凌危機，世界動亂的時際，好好想一下。

「最好的辦法其實是，」他說，「讀佛經，讀四書，同時也把我們已經散掉的倫理教育抓回來。」

當「人權」的爭取演變成分裂、戰亂、鬥來鬥去卻遠離和平理想時，法師主張用「人道」來替代「人權」。「人道」是一個傳統的正統理念，其間也包含將倫理

道德重新再引導回教育內容裡，也是對西方文化過於強調逸樂、放縱在個人慾望的波瀾裡，一個正本清源的呼喚。

我從他的話裡去作衍伸，也就是說，霸凌現象其實是大家對自身權力主張過了頭，卻忘記自主權的後面，必須不能傷害到他人的權力？

當然，我是個自由主義者，在我的成長背景裡，我很討厭被管，這種人長大後，也較不會想去管別人。然而，我現在開始擁護這樣的講法，在校園、家庭裡，我們其實要開始著手進行一種規範式的倫理教育。

倫理教育當然並不是像某些人以為的，只是讓孩子背背四書等經典，或把孔子孟子講過的話列入教材就算完成，而是要從倫理教育裡找到一套做人處事的標準，讓孩子從中知道節制。

倫理就是一種「節制」、一種「對待」，同時也讓孩子知道，他哪裡做錯了。「現在的小孩常常不知道做錯了什麼，他做了什麼也沒關係，也都不在乎。這種無所謂的生命是『沒有根』的，找不到『自我』。」沒有了「自我」的孩子，當然做什麼也都無所謂。

從佛法的觀點來看，「自我」並不是佛經裡常說的「我執」或「我識」，而是一種遺失了生命價值後的，那種「我」的飄泊。德國哲學家海德格曾說，「存有」最嚴重的困境就是「無家感」，和佛法所說的「我的迷失」心意相通。

關於霸凌，我作如是觀。

第二部 和解

從親人的共生到共昇

反霸凌的最後目標，就是要達成和解。

這個和解，是和好和解開的意思。跟自己、跟親人、跟環境，也跟自己所在意的一切事物都能夠和解。

所以，我用了一個標題，來開展這場和解的旅程，就叫做「從親人的共生到共昇」。我說的「昇」，指的是「昇華」，最後，我們就會朝向和解的終極目標，快樂的心態，以及「無無明」。

但霸凌多麼地容易，相對的，和解卻又顯得那麼地艱難。

全世界最有權力的人是歐巴馬，但他自己就承認，小時候在夏威夷和印尼讀書時，就因為大耳朵和名字，曾經成為遭霸凌的對象。當時，歐巴馬就在白宮召開的反霸凌峰會上，講了一句我覺得很適合放在這裡當開場白的話：「我們要破除霸凌只是一種無害的成長儀式或成長階段必經儀式的迷思。我要強調，它不是這樣，霸凌可能對我們的青少年帶來破壞性的後果。」

好吧，且讓我們向歐巴馬致敬，致敬的方式之一就是，我們先從青少年和青少女說起吧。

和解就是……

1 丟掉灰姑娘情結

最典型的霸凌，是以還在校園內的青少年和青少女為討論目標的。

學校、社會和原本的生命周期帶給現代十到十八歲青少女的，往往讓她們進入擠壓特別嚴重的冰原期。這幾年裡，青少女自殺或自殘（包括自我割傷、燒傷）比率一直呈現上升趨勢，發展心理學家和輔導界呼籲正視問題。美國加州大學柏克萊校區的臨床心理學家史帝夫新索（Steve Hinshaw）寫的《三重束縛：從現代的壓力裡拯救青少女》（The Triple Bind : Saving Our Teenage from Today's Pressures）提出的三重壓力束縛壓力來自：1.她們仍以成為賢妻良母的方式被教養；2.要在功課學業和體能上求取傑出卓越，不再有性別的藉口；3.媒體和社會繼續把她們當成「觀賞對象」，要性感、苗條和美麗集於一身。青少女們忙著課業、補習、學才藝，另一方面又得在意自己的長相，也特別關心別人對她的看法。如果你不是青少女，無從體會那三層壓力。或許，哪一天翻開報紙，瞧見一個獲得傑出教學貢獻獎的女老師被報導時，標題上寫著「美女教師會讀書，平常關懷學生」，你就知道那壓力已大到怎樣也跑不開。

史帝夫新索認為，過多的電子溝通工具，填滿了青少女的公、私情感生活領域，反而讓過去可沉澱情緒、培養挫折容忍度和解決問題能力的空間蕩然無存。行動電話、簡訊、伊媚兒、社交網站把所有的情感和情緒都變成了「立即通」，反而讓青少女失去沉澱和過濾心情的能力。有名中學女生把學校裡的某件事傳簡訊出去，沒多久，她生活圈內的每個人都知道這件事，就像把她的私生活赤裸裸地在他人電腦和電話裡流傳，讓她無法承受那種壓力。

想要幫忙青少女的父母們不妨想想：這個時期她們需要這麼多「電子聯繫工具」，有需要把課外的時間排得滿滿的嗎？新索建議，中學女生應該多關懷自身以外的其他議題，像是生態、政治、社區服務等等。「除了她們自己、朋友圈和長相外表外，她們需要與世界有更多更深的連結。」

青少女與霸凌的另一個戰場，還是在家庭內。家庭治療大師瑪麗亞葛莫莉小時候常覺得，媽媽不喜歡她。「我對媽媽的看法一直是扭曲的。」由於缺乏母愛的關懷，長大後，葛莫莉很少能跟同性當朋友。「我與母親的關係影響了我日後與其他

女性的關係。現在我了解她只是用自己的方式來愛我，可是當我幼小的時候，她並不符合我的期望，而讓我認為媽媽不愛我。」

如果妳也有同樣的心結，不妨就稱為「灰姑娘情結」，請想辦法修補妳和母親的關係。無論妳多大，或母親是否還能影響妳，仍是必要而確切的功課。葛莫莉長大後，有更多機會與母親相處，改善了母女關係，也改變了她對一個母親如何表達愛的方式，有了不一樣的觀點。葛莫莉認為她媽媽就像家族內的灰姑娘，灰姑娘其實就是集霸凌大全的童話，「母親長大後還一直扮演那個角色，我因此學會，我永遠都不要變成那樣。」葛莫莉不想像媽媽一樣變成灰姑娘，但她是否擁有了灰姑娘般的童年？

葛莫莉與母親關係的和解，則來自這樣的領悟：「我的母親並沒有體會過母愛的經驗，所以不能符合我的期望。我一直為此責怪她，但我現在知道，其實她已經盡力了，我還學到她對家人忠誠和慷慨愛人的方式。」

除了與母親的關係終須和解外，我讀葛莫莉八十多歲時寫的自傳還發現，四、五歲時被表哥們霸凌的經驗，也影響了她一輩子。

她四歲時表哥們年約五歲到八歲，穿野戰服、拿玩具槍、玩印第安人戰爭遊戲。表哥們將她關在灌木叢裡，不讓她出來。就連要上廁所，就給她一個瓶子，然後還嘲笑她無法跟男生一樣尿在瓶子內。葛莫莉說，那就是她第一次接收到的性別教育。在上世紀二〇年代的匈牙利，還沒有發明「霸凌」這個名詞，然而，小女孩所接收到的，卻是典型的「性別霸凌」。

葛莫莉寫道：「他們將我關起來，確定我跑不掉後，恐嚇我不能跟大人告狀，否則要吊死我。我害怕驚恐，以為自己真的隨時會死。因為太害怕，也不敢告訴別人。無助、恐懼、完完全全的孤單感，每天早上，我都不知道能不能活過那一天。日後，我被自由的追求引領過一生，這種對自由的熱情，就是從那段經驗開始浮現的。」

做為猶太人，葛莫莉經歷過納粹迫害猶太人的災難，從集中營的陰影死裡逃生，納粹對猶太人，本質是一次大型的、極端的霸凌，但對葛莫莉來說，那發生在個人的小歷史的、來自親人的霸凌，卻有著幾乎平行的傷害力量。

兒時遭霸凌的事件半個世紀後，葛莫莉參加家族治療大師維琴尼亞吳爾芙的工作坊，才得以檢視霸凌的影響。在葛莫莉的故事我們看到，從龐大的歷史霸凌到教育體制對一個身體殘障但心靈自由者的小霸凌，我們必須感嘆，霸凌真的無所不在。

再引用生死學大師伊莉莎白庫伯勒羅斯的字句：「我們會在生命關鍵時刻的一些事件中，為人生的目標和價值觀定下方向。」身體上承受的霸凌傷痕，定下的是一個反向的人生誓願，如有位腦性痲痺畫家畫中的陽光和和諧，我看過那張畫以後，對她遭遇的陰暗和畫中的光亮，留下了頗為深刻的印象，如瑪麗亞葛莫莉終生頌揚的愛與自由。

沒有人去問過灰姑娘，如果她要跟世人傳揚一個理念，那會是什麼？從葛莫莉的童年，我幾已知道答案。

2 與媽媽這個角色的和好對話

由於張艾嘉要將我的一篇文章改編拍成電影，在十二月暖陽中，我和她吃了一頓早餐。其實，張艾嘉吃得很少，我看她只吃了一片吐司，一點蛋就放下了刀叉，這可能是張艾嘉照顧身體，與她中年的女人身體和好的一種好習慣。

當年生下兒子奧斯卡後，有次接受採訪，張艾嘉談到「沒有男人給她的愛的感覺，像她對兒子那樣。」這句話常被我引用，當作一個媽媽愛的典範。

二〇一〇年金馬獎頒獎典禮上，張艾嘉以《觀音山》裡的媽媽角色獲得提名，最後，獎雖然是被另一位媽媽角色拿去，但包括《唐山大地震》裡用力極猛的媽媽角色徐帆在內，怎樣演出一個媽媽，並且能讓觀眾感動，已成為一個傑出女演員的必修學分。

我想，張艾嘉一再用媽媽的演出獲得演技獎提名，應該是現實中媽媽角色磨出的「戲胞」。我當面跟張艾嘉提出當年讓我感動的訪談，張艾嘉說，當她懷孕後，感覺體內有兩個心跳，確實是男人的關愛所不能給她的。

張艾嘉說：「剪斷臍帶後，小生命就是個個體了，必須尊重他的成長，反射回來的，卻像是經歷一個生命的重新成長，我經常覺得，當媽媽是個困難的角色。」

她或許曾在攝影機前，揣想過一個媽媽的心情和表情，卻還是從摸索開始。奧斯卡三歲時，張艾嘉要他寫字把字寫在格子裡，兒子很努力地要達成媽媽的要求，丈夫適時提醒她：「兒子才三歲耶。」她發現自己當媽媽的準則，要回溯到幼時爸爸媽媽對待她的方式。從小，媽媽就是要她把字寫在格子內的那種教育法，「但是，如果那種教育是不完整的，是負面的，卻沒有人告訴現在的爸爸媽媽，那些是負面的，那種教育還是會延續下去。」

我從張艾嘉的反思裡，聯想起榮格那個著名的原型理論「母親情結」（mother complex），張艾嘉言下的「反射」，用精神分析學派的術語看，就是「內射」和「投射」，顯然現代的父母，仍難脫離一百年前心理學家們所設想的父母框架。我們從當嬰兒起，就會把媽媽對我們的態度融入為自己的一部分，這個叫做「內射」。然後，年紀再大一點後，那個態度也會變成我們對待媽媽的態度，這個就叫做「投射」。到頭來，每個孩子心中的「母親」，其實就是個人知覺、想像、創造和體驗的綜合成品。

就好像當我們看張艾嘉在大銀幕演出的媽媽，我們無法分別，哪一個鏡頭或場景其實最像媽媽，每個人的想像和定義都是不一樣的，我們從中感受到媽媽這個角色的複雜豐富。

作家陳玉慧寫過一本《海神家族》，得過很多獎，還搬上了國家劇院的舞台，那裡面，就有她對父母角色的總檢討，我從那些牽連白色恐怖和近代台灣史的大河之作，讀到了一顆想與自己的小生命史、父母和整個時代和解的女人心。也是在她的作品裡，我才知道她留學德國，回想起與父母疏離，感覺上很糟糕的關係，早就有一顆想要去尋求和解的心。那也是一種灰姑娘情結吧，但讀者有沒有想過，灰姑娘除了與王子結成正果，得到真愛外，是否也曾想過要與後母或兩個姐姐和解？

陳玉慧在作品中曾提到，早年她在德國上過榮格學院，接受心理分析，處理父母在童年留下的創傷時，運用過「空椅法」，「空椅法」其實是完形治療派最常用，也公認最有效的一種技術。

我曾在金塊文化出版的《親子36計》裡，較有系統地介紹到空椅法，「空椅法號稱完形諮商唯一的技術，就是有一張椅子，假想有個事物或人物坐在上面，我們

跟『他』對話，也模擬『他』對我們的回應。」如果你有意整理、理解自己與父母的內心關聯，請想像你父母面向你坐著，留意他們的坐姿、穿著、臉上的表情。這可能來自你最近的印象，或是多年前的記憶，都沒關係，如果這時的你也不是現在的年紀，你就回到那個年紀吧。

想像跟他們說話，不要去引導或編造，你想說的話，正面的或負面的，都原原本本說出來。（如果情緒過於強烈，你隨時可以跳出來，改天再來；當然，你也可選擇停留在那個情緒內。）

然後，你變成父母親，想像對你剛才說的話做出回應。如果你有孩子，跟孩子分享你此時的感受；再告訴你的父母，你想從與他們的關係中得到什麼，這個要求須直接而明確。重複這個過程數次，直到你感覺對自己與父母的關係有更好的了解。

3 放下戰爭，因為征戰不屬於你

我認識在美國教靈性課和呼吸課的一個女老師，也應該稱她為作家，她出過兩本在台灣銷售量都有兩萬本的暢銷書。有一次，她跟我談起四歲的回憶，她拿爸爸口袋的錢，去雜貨店買糖果。爸爸知道了，毒打她一頓。

四歲才多大年紀，她僅知道拿錢可以去換糖果，但爸爸那頓毒打卻一路追殺到四十歲，她已住在美國，爸爸也已去世，她覺得可以原諒爸爸了，卻發現仍難。她下意識覺得錢是危險的，總把錢推得老遠。

她的爸爸個性嚴厲，作風老派，見到他時總規矩穿西裝褲，爸爸離開後，後來就變成她回憶起爸爸時的典型模樣。她重複做一個夢，爸爸的西裝褲放在床頭，她靠過去想掏錢，爸爸毫無預警地現身，隨後嚇醒。她沒有做完過那個夢，後來讀心理學家榮格對夢的解釋，她釐清與爸爸的緊張關係，影響到她與生命中其他男人的關係。她說：「男人跟我在一起，就沒法好好地當個男人。」

她始終以女強人的姿態出現在生命舞台，裝飾鉛華，但有時將男人壓得喘不過氣。她一路換男朋友，吵架是家常便飯，最後不是男人離開，就是她出走，結束關係。

她有六個姐妹，一個兄弟，她是唯一上大學的，爸爸知道她個性好強，著意要壓她的氣燄，跟她說過一句話：「妳是書讀得最多，也是最笨的人。」她一路氣這句話，甚至覺得自己的前半輩子都在跟這句話角力，如《聖經》裡與天使角力的雅各，後來改名為以色列，以色列就是與天使角力的意思。她一直讀上去，還出國留學，在聯合國機構做過事，她想證明給爸爸看。

記憶裡躲藏著這麼一幕。她大學考上文化大學園藝系，爸爸本來不讓她去唸，她跪下求爸爸，後來終於讓她去唸了。有一次，她跟爸爸要錢坐公車和吃午飯，當時天色灰濛，爸爸還在睡，西裝褲還掛在床頭，活生生出自她沒做完的那個夢。但爸爸眼睛也沒睜開，要她自個兒去口袋拿錢，她依稀記得四歲時的往事，還有些猶疑，於是自己拿了錢。她記得那時天黑黑的，有很溫暖的感覺。

爸爸過世時，跟她交往四個多月的男朋友也在那時離開，一下子生命裡的兩個男人離開。說來巧合，她也在那時開始上奇蹟課程，進入內心直觀，尋找原本即在的神性，她直覺是爸爸來將那個男人帶走，同時又給她帶來現在的男朋友。這個男友和她一起上奇蹟課程，練習靜坐冥想，有一天，在深度的冥想體驗後，男友說，他感覺到她爸爸來了，「妳爸爸跟我說，要愛護他的女兒，要保護她。」她一聽，眼淚落了下來。那麼長的生命裡，跟爸爸的一路角力，而跟爸爸的和解，卻出現在爸爸過世以後。

我這個虔誠的異教徒準備在此時上場，聽她跟我講了這個故事，她胸口前的吊飾隨著心情晃盪。她引用了奇蹟課程裡有句出自《聖經》的話：「征戰不屬於你，把問題交出去。」她心中的神性和父性停止征戰，僅在於她相信神性，願意把問題交出去。

「征戰不屬於你」，我胸口矍然一驚，覺得穿透我塵封閉鎖的心事。憶起我自己和去世多年的父親，暗自在心內的角力，想起我的明亮和我的暗黑的角力，神性和父親的形象如此地在她講自己的故事裡光影交疊。

我從此對奇蹟課程產生了一股興趣，因為我的記憶裡也有只爸爸西裝褲的口袋，也曾在裡面拿錢。我一直幻想著聽見爸爸親口跟我說，原諒你了，然後，你也原諒自己好嗎？征戰不屬於任何人。

4 跟孩子、跟自己、跟親人都別再吵了！

是的，把問題交出去，征戰不屬於你，有一個很好的點可以檢驗你自己是否已有清涼心，那就是，拿把鏡子，看看你吵過架的樣子。

有沒有這樣的經歷，為了一件事情親子僵持不下，可能引爆火藥庫大吵起來。這時你會採取什麼樣的策略，斷然說不，與孩子講理，還是他吵你也吵，讓一家大小都不得安寧？你們的親子吵架模式，顯示出你的「溝通智力」。

說不定，在孩子眼裡，你是個無法溝通、不講道理的「頑固老爸老媽」，所以，他們要跟你吵。

說不定，孩子也老早就發現，只要一吵，你就會低頭，「不吵沒糖吃」，所以，他們更要跟你吵。不管是哪種理由，可以預見，這家子大概天亮就開始吵，吵到各自上床睡覺。

這時，家庭治療師麥克尼可斯（Michael P. Nichols）在《別跟孩子吵了》（

Stop Arguing with Your Kids）裡提供的「回應式傾聽」法，不妨一試。

稍微冷靜下來後，安排親子的談話，事先說好，這次的主題只有一個，就是「爸爸媽媽聽你講」。聽起來好像很基本，事實上，家庭生活裡，總是父母說得多，孩子講得少，所以年紀大一點的孩子常常覺得父母不夠瞭解他們的心聲。這次，邀請孩子傾訴他們的想法、要求和感覺。

記得要對孩子講述的內容做出回應，孩子其實並不期待，也沒有把握你會真的傾聽他們，因此，必須有所回應，而在回應的過程裡，其實也是在考驗父母：如果你平常較少聽進孩子的心聲，現在，你真的有把握知道孩子講話的內容嗎？

不要只簡簡單單地回應「是的，我聽懂了」或「我知道」來搪塞，把孩子談話的重點講出來，或以你的理解再表達一次，然後問孩子：「這就是你的意思嗎？」

然而，父母和孩子的溝通，畢竟與朋友或職場上的業務報告不同。除了充當聆聽者角色外，父母還得擔任談話進行的控制者。尼可斯主張，即使這時候，父母也不應遭受孩子的威脅。如果孩子不懂得溝通、談話和吵架的分別，按照過去的親子互動模式，他還是擺出與父母吵架的模式，大哭大鬧或高嚷「我恨你」，做為傾聽者的父母無須回應「孩子不能恨父母喔！」，而應回答以「我讓你很生氣，對不對？」

最後，經過這番交談，原本吵架的癥結仍然存在的話，建議父母用「我會考慮看看」來做為結束，不要孩子一說完話，你就說「不」。父母愈快說不，孩子就會愈快再和你「魯」。因為，他還是覺得，你根本沒有把他的意見聽進去。如果推遲一會，想想看孩子的想法，再說「不」，孩子會較覺得被瞭解和諒解。

再來是夫妻伴侶間的關係，會吵起來，多半是覺得對方不瞭解我，很難能夠溝通。譬如，在婚姻諮商中，結婚多年的太太抱怨，先生不會表達情感，不懂得她的心。講到激動處，脫口而出：「男人簡直就是外星人。」

在另外的時段，安排這位「外星人」老公單獨進行「情緒焦點晤談」，結果表現卻出人意表的好，不僅能表達情緒，也能在短時間內抓住別人的情緒重點。我心裡暗自好奇，這樣的男人，為什麼進入長期的婚姻內，就會變成另一半眼中典型不解風情的「外星人」？

或許，這又是一則「配偶舞蹈」（couple dance）吧，夫妻的溝通如同跳著不同的舞步，一個以為是跳探戈，另一個跳的卻是華爾滋，兩個人都撲了空。

婚姻諮商如此形容兩性差異：男人想要的是「報告式談話」（Report Talk），

希望從談話中獲得理性、分析的資訊；女人想的卻是「投契式談話」（Rapport Talk），總希望談話的目的是為了增進彼此的聯結和感情。每次遇見這樣的夫妻檔吵起來，我總想像成兩台接收不同頻道的電視機，各有各的不解：為什麼對方不能瞭解我的簡單需求呢？這樣吵，卻不會有結果。

那位在晤談間表現良好的丈夫，可能知道諮商師想要的是什麼，因而才會有不錯的表現。回到婚姻現實，他卻從未如此看待夫妻間的溝通，這件事，其實讓丈夫顯得有些消沉，畢竟，誰願意當外星人呢？

別灰心，我跟這位丈夫說，既然他沒有失去掌握別人情緒重點的能力，這就是轉變的開始。回到家，請保持如此的覺察，跳好以後的雙人舞。

5 離開想掌控的父母權威，活出自己的天空

不知道你怎麼看待媽媽或者親人間的關係，沒有錯，你的做人處事，你從事的職業，乃至你的愛情觀，都會受到媽媽的影響。也許媽媽不是那種排斥孩子、虐待孩子或霸凌孩子的類型，然而，對於媽媽的控制，到頭來，你會不會覺得有哪些不對勁？

有時候，女兒感覺跟媽媽關係很好，到了四十歲，不想結婚，仍然以媽媽的價值觀為自己的價值觀，媽媽的信仰就是自己當然的信仰。現代越來越多不婚族，並無對錯可言，但是，如果因而失去了自我主張的空間或可能，那可能是一種非常微妙的準「霸凌」關係。

譬如有位號稱美女的畫家，我去訪問她時，跟著她的宣傳來到她下榻的房間，我心裡還在想難道要她坐在床上接受我的訪問嗎？但一進房間，媽媽也來了，原來是跟著女兒一路從洛杉磯來的。雖然母女兩人體型不太像，媽媽仍然宣稱：女兒是

她最好的作品。

我是不知道啦，聽說三十來歲的未婚女生跟媽媽睡同一張床，是很正常的。這名女畫家顯然是很依賴媽媽的，說媽媽是她的知己，每幅畫完成後，第一個欣賞的人也是媽媽。

媽媽年輕時在成衣廠畫樣配色，頗有繪畫才華，擅長工筆畫。年紀大了後手腕用力吃不消，已許久未畫；女兒要教她用滑鼠作畫，她也學不來，但對外總說：「有女兒畫就夠了，我不用學了。」

女兒的愛情觀和生活觀，其實也受媽媽的深遠影響。她長得漂亮，部落格常常湧進求愛者，現實裡也有追求者，但卻過不了媽媽這一關，她雖然出了一本講愛情王牌的畫冊，卻直說她對愛情「無感」，而且還設了一個條件，男友一定要跟她和媽媽擁有相同、並且非常虔誠的宗教信仰。這個條件，首先就刷掉了一半以上的男人，在剩下的男人裡，要被她媽媽看上眼的，大概可以用鳳毛麟角來形容。

對於三個孩子的出路，媽媽覺得很滿意，也認為她一直是個「神經質媽媽」。兒子讀國中時去補習，她擔心兒子一個人搭電梯會困在裡面，就一直張望，直到兒子人出了電梯她才安心。舉家移民到洛杉磯後，另一個女兒找到會計工作，剛學會開車的媽媽每天負責開車接送，一天要跑四趟。

其實，我感覺這位媽媽更像是家族治療大師維琴尼亞吳爾芙所說的「隱微的控制」，是一種對孩子的控制，卻透過較不威權或直接命令的方式，而是把愛、道德、信仰、關懷和能用的影響方式，當作隱微的手段。許多家族治療取向的學者在自己的傳記中，都反省到了這一塊，發覺媽媽總會用一些隱微的手段，來讓兒女遵從她的意見，如果要違背，就要掀起巨大的親人革命，那是許多兒女所沒有，或沒敢有的能量。「何必呢？」他們心裡總會這樣告訴自己，「那是我最愛，也最愛我的媽媽啊。」如果他們心中確實動了想自我做主的念頭，或曾經那樣的爭取過，也會難逃媽媽拋過來的內咎感。

這位女畫家在決定畫風甚至交往對象時，必然這樣受到媽媽的影響。精神分析學者蘭吉曾經回憶道：「當我十四歲時，有一次家庭作業要寫一篇文章介紹自己，我的文章開頭這樣寫：『時間沉重地壓著我』，我的父母非常氣惱，因為他們認為這段話是在講他們：『你總有很多自己的時間，當我們為你做這麼多事情，你還這樣寫，實在是不知感激……』，所以我將開頭改成：『我發現生命充滿樂趣』，這回他們都滿意了，我也得到甲上。」

在一個孩子的養成教育裡，多的是這種被修正的機會。當未來的女畫家高興地跟媽媽說：「媽，我畫了一個漂亮的女生。」媽媽摸摸她的臉頰說：「乖，讓我們一起來感謝神的恩典。」控制，正在隱微地進行中。

讓我們這樣來為被父母掌控的兒女，想一個和解的機會吧。教養專家魯道夫德瑞庫（Rudolf Dreiku）提過一個「民主家庭會議」的構想，對東方家庭來說，似乎是一個比較困難的觀念。然而，可試著讓孩子也來當頭頭，用他的方式來帶領家庭的思維，或許，可稍降什麼都是父母領頭的親子互動模式。

我不確定是否曾經有過那樣的親人革命，或者，你只要覺得幸福就好。維琴尼亞吳爾芙提過的五種自由，倒可提供為參考：

1. 看和聽見他們所看和聽見的，而不是他們以為看和聽見的。
2. 想他們所想的，而不是他們以為所想的。
3. 感覺他們所感覺的，而不是他們以為所感覺的。
4. 要他們所要的，而不是他們以為所要的。
5. 想像他們所想像的，而不是他們以為所想像的。

6 丟掉養女情結——小時候被遺棄，不代表一輩子都重覆被遺棄

在一本傳記裡，我讀到這樣的故事，這本傳記的女主人翁，年紀已大，曾是台灣著名的婦產科醫師，但中年以後研究路徑就一百八十度的大轉彎，從純粹醫療轉向情緒、生命和疾病的看護者。

我特別印象深的是，在這本傳記裡，提到在診所裡，有名典型的「女強人」帶著一身病痛來了。談起身世，小時家窮，她被送給別人當養女，讀國中就開始打工，度過一段艱難時刻，讀大學時，「在台北租一個房間，沒事時，做完房裡所有能做的事。」甚至還靠自己出國留學，當上跨國公司的高階女主管。現在，她對原生家庭，也就是當年不要她的家人好得不得了，可說是有求必應。心裡面，好像想藉此彌補什麼？她自己的婚姻則非常的辛苦，經歷兩次離婚，跟男人相處到處是難題。女醫師說：當初她因為不是男生被父母遺棄，所以，她這一輩子都在向男人挑

戰。

那麼久以前的往事，如果不翻出來細看，從那亮麗的女主管外表，應該已看不出來，想不到卻一路影響她到現在。如果「遺棄」是一種「精神霸凌」，她顯然沒有完全走出來，一身病痛和疲倦只是表相的徵兆。

女醫師形容：「如果她對家人還有愛，想必也是很痛苦的愛。」其實，女主管回過頭想從原生家庭得到的，並不是「愛」，而是彌補生命曾被遺棄、排斥帶來的羞恥感，這在心理學家羅洛梅早年研究未婚媽媽的焦慮感時就已提出。羅洛梅提到：「神經性焦慮不是因為有一位『壞』媽媽，而是因為孩子永遠無法確定，媽媽是『好』還是『壞』。」她主觀地將雙親的遺棄詮釋為是自己「不夠好」，所以現在她要用加倍的「好」，來襯托當年父母對待她的「壞」。

真是辛苦呢，這到底是有缺憾的愛，還是「愛」本身的缺憾呢？女主管強勢的作風，不容許有一點瑕疵，就算來看醫生，也不太願意承認她有此心理問題。心理的問題，更加深她對自己的羞恥感。

這時，建議她找機會接觸其他有這種童年精神霸凌、遺棄、當過養女、童養媳的女性，敞開心內的一個隙縫，接納內心受傷的事實。

「養女情結」並不一定就得整個掀開來，把每個養女都當作內心創傷經驗。然而，身體病痛讓這位女主管長期困擾，她體內的「小養女」，仍在等待那永不會來到的愛。

這樣來看從霸凌到和解吧。小時候遭霸凌者會以為自己只配得到「殘缺的愛」，就像心理學實驗裡，那隻曾被電擊的狗，以為每次牠想吃食物，肯定都會遭到電擊，所以已放棄了嘗試。稍後，我還會再提起這個實驗，以及心理學家由此衍發出來的正向心理學風潮。

台灣許多上了年紀的女性，都曾是養女，若得到收養家庭的關愛，的確能幫助她們有良好調適，但對原生家庭，始終藏著說不出來的感覺。

針對懷有心理問題並不是件羞恥的事，心理學家大衛列包如此貼心地說：「羞恥感讓我們想逃離問題，覺得自己渺小、虛弱，因為自己缺憾的往事，而缺乏處理現在問題的能力。」然而，只有你一個人這樣覺得嗎？心理學家說：「沒有人是例外的。」

關於精神霸凌所造成的羞恥感，會從中學時期一直延伸到大學，無論在美國或台灣，針對大學生心理狀態的調查，總是發現比例相當高，當然，女醫師所遇到的養女，那種遺棄感，只是案例的冰山一角。我談的是一種在霸凌和恐懼氛圍的時代裡，更尋常可見的心理問題。譬如，二〇〇八年由美國大學健康協會所做的調查就發現，有十分之九的學生在學年間至少有一次沮喪感，十分之八曾經很悲傷，十分之六曾有無助感。

還有更多的數字，應該足夠讓你覺得，心理有問題，並不是可恥的。如果被精神霸凌經驗的是你，你曾是養女，曾經為了什麼理由被嫌棄、遺棄、拋棄、放棄或丟棄，請告訴自己，這沒有什麼好感覺羞恥的。

7 解放上一代教養的幽魔，沒有哪個人的童年是黃金打造的

解放上一代教養的幽魔，這一點，對於從霸凌到和解的旅程，是相當關鍵和重要的。

我來講一位鄭女士的故事，她五十來歲，媽媽已七十多歲，她的女兒剛滿二十歲，這三代女人陷進深層的糾纏。請不要問我，這位鄭女士當然不會真的姓鄭，基於倫理，我已為她換了一個姓，但我相信在台灣女性家人的關係裡，從垂直傳承的關係來看，其實是非常普遍的。

鄭女士和媽媽一直處不好，她在家庭治療團體中坦承，從小她是在「功能失常的家庭」長大。你或許會問，什麼是「功能失常的家庭」？根據心理學家的意見，「功能失常的家庭」主要的有：瘋瘋癲癲、混亂和腐敗這三種類型。背後的共同特色則是，他們都無法有效處理羞恥感的問題。瘋瘋癲癲的家庭以做得比正常人還多

來遮蓋家人的羞恥感；混亂家庭以做得比正常人還少，處裡他們的羞恥感；腐敗家庭簡單地說，他們根本就不太有羞恥感，但不像瘋瘋癲癲家庭那樣，腐敗家庭不是採用遮掩的方式，他們已經沒有羞恥心了，也根本就不用加以節制。

三種家庭的孩子，也會出現三種行為模式。瘋瘋癲癲家庭出來的孩子，家庭角色是基於權力科層制和父權權威，不是家庭成員的人會遭排擠，如果家裡有孩子遇到霸凌，他們會當作是羞恥，也不會去跟外人談起家務事。如果有老師去做家庭訪問，要談到孩子在校做的什麼壞事，家長肯定會一路否認到底。

混亂家庭的孩子，日後會顯得很顧家，想要照顧父母的婚姻，剛剛我談到那位老醫師談到養女長大後會回去照顧原生家庭，就是這一種類型。孩子常學習到，當他們能照顧父母或其他家人時，才能得到對方的愛。

第三種腐敗家庭，孩子常會學到一種獨斷獨行的愛，覺得「我天生就是被愛的，我比其他人優越。」腐敗家庭也會變相「鼓勵」沙文主義式的愛情模式。

也許這樣還好，家庭治療師一直要鄭女士接受的信念是，她的童年已經結束，無需再用童年得不到的親情和關愛來定義當下的人際關係。然而，近來鄭女士有些煩惱，女兒會暗自看她和祖母的關係，甚且還有點「有樣學樣」，與她漸行漸遠。

回顧童年成長路，鄭女士和媽媽並不親，媽媽向來強勢，說話刻薄，做什麼事都非得聽她的意見。媽媽強勢作風下，鄭女士始終扮演「柔順女兒」角色，當她大學畢業，找到工作，就迫不及待「飛」離媽媽身邊，不再回首來時路。當她有了女兒，隨著女兒成長到青春期，卻重演當年祖母的強勢，希望把「柔順女兒」的角色移轉給女兒。

過程其實並不順利，這一代的女兒可不像鄭女士當年那般聽話柔順，連大學要念哪個科系，女兒都自有主張，不採納鄭女士的意見。有時候，鄭女士忍不住抱怨，「小時候妳祖母說東，我們哪敢往西？」女兒就問：「那妳和祖母現在還有在說話嗎？」顯然，媽媽和祖母的長期冰凍，已形成母女間的冷空氣。

鄭女士一直想修補與媽媽的關係，藉此改善與女兒的相處。她試著打電話關心母親的現況，但講不到幾句話，聽媽媽開始嘮叨抱怨就掛電話了。其實，鄭女士與母親，以及她和女兒間的關係是兩回事，與母親不親，有可能源自母親這代傳統女性的特質，卻不表示她就缺乏與女兒相處溝通的能力；上一代的母女關係，並不注定要宿命般地輪迴重生。

參加家庭治療讓鄭女士發現，原來沒有哪個人的童年是完美純金打造的，事實上，多數人的童年憾事都會部分地在現在的人際關係中「複製」。鄭女士還悄悄發現，步入老年的母親已經顯現改變，似乎有和女兒的過去和解的意思。建議鄭女士還是應找機會與母親聊聊，或者藉由老照片引發話題，讓母親談起她自己當少女時的往事。或許，從母親的故事裡，鄭女士將能找到新的線索，了悟當年她為什麼會那樣被對待。

若有可能，帶女兒一塊去拜訪母親，讓女兒和祖母聊聊，問她想問的問題。跨越三代女人的心結重重。沒有試著去打開門，門將永遠深鎖。

功能不建全的家庭的教養，讓我想起一個心理學裡最有名的實驗，一九六一年耶魯大學史坦利密格蘭（Stanley Milgram）所做的電擊實驗，一舉「電」醒高貴人性，儘管充滿倫理爭議，仍被稱為「史上最重要的心理實驗之一」。最近，又有心理學家重複這個實驗，同樣得到「驚人」的結果。

密格蘭的實驗版本裡，指令受試者不顧受電擊者的痛苦表情，繼續施加電擊，證明人常明知不合理，仍會盲目服從權威，有人曾用此實驗結果，解釋納粹軍官執行殺害猶太人命令的原因。當年，那些受電擊者皆為密格蘭安排的「演員」，雖然

受試者事後知道純為演戲，仍有人難逃譴責，必須接受心理創傷治療。因此，這類因時代條件應運而生的實驗，早就束諸高閣，也已成為歷史公案。密格蘭本人為此項實驗毀譽參半，還遭解職，但在所有普通心理學和社會心理學的課本中，一定會提起這項實驗。

重複實驗的是美國加州大學聖塔克拉拉大學的傑利博格（Jerry Berger），這次，仍有七十％的受試者會繼續施加電擊，當然，受電擊者還是事先安排的。（在密格蘭的版本裡，八十二．五％的人會在目睹「演員」痛苦哭叫後仍施壓到一百五十伏特。）這次博格略做修改，受試者為二十九名男性和四十一名女性，電壓達到一百五十伏特時會停止。然後，研究者會要他們再做另一次電擊，他要統計有多少人會真的想要再來一次，但會出面阻止。

另外，博格也安排一名志願者進來，這個人知道實驗的整個程序，也拒絕在超過一百五十伏特後再施一次電擊。博格發現，雖然已有此志願者當範例，還是有高達六十三％的人選擇繼續電擊。這些受試者年齡分布在二十到八十一歲間，當初選擇時，已將美國人口分布因素考慮在內，也就是說，實驗結果能反映出美國人口分布。所以，博格說，他對實驗結果益發覺得驚訝和失望，從密格蘭實驗以來將近五十年，服從權威的人性依然故我。

這個實驗和「教養」有什麼關係呢？如果將研究者（權威）當作父母，將受試者當成孩子們，你就能看清實驗結果的潛在憂慮了吧！

8 在愛裡面不要有戰爭，冷戰和熱戰都不要

有些談論婚姻的書主張「好好吵個架」、「吵架後迅速修補親密關係」，還有專家信誓旦旦地說，伴侶就是越吵才會越相愛，台灣俗語智慧是「夫妻床頭吵，床尾和」，但那張床顯然要夠大，才不會來不及消怒氣。

有個專家寫得好像那就是他家裡的親身經驗，他當作寶貝般地寫在書裡。但是，當他上電視節目，主持人問起家庭和樂、婚姻美滿的法則，他卻又驕傲地說：「我們結婚十五年，從來沒有吵過架。」

你要相信這個專家講的還是寫的呢？說不定他在暗示，會吵架、為此問題所苦的人才會買書找答案，但電視觀眾想聽的卻是另一套。有位太太則根據自身的經驗說：「不要再相信『好好吵架』那一套囉，大吵會有大裂縫，小吵有小裂縫，就像地震後地面的龜裂痕跡，可能還會引發土石流。」

幾年前，她狠狠地發了一頓脾氣，驚動鄰舍，從此她就得了個「情緒管理不

當」的形象，用加倍的笑臉都改不回來。講得有學問一點，吵過那次架後，她的代價是被認定ＥＱ低，不過還好不是ＩＱ。

一直保持單身的蒂芬妮，這樣寫道：「與我同樣沒ＥＱ的艾莉森，在聽完我今天被人當成精神病的經驗後，她也承認自己在感情中，有時也像虐待狂般地在對待男友。」

講句公道話，談戀愛是最接近虐待狂的一種狀態，愛的時候癡狂執迷，對陣時各種傷害、污辱、激動、謾罵都說得出來，盡情傾洩人性裡的壓抑，以為對方既已承載了我的愛，也必然能承接我的情緒垃圾。

然而，心理學研究一再證實，愛與戰爭終究是兩回事。親人間的爭吵，往往也會導致沮喪、進食障礙、酗酒、心臟疾病和慢性疼痛症狀。美國北卡羅來納州的和平學院心理學系做過一個研究，找來九十四對正在交往的伴侶，平均交往兩年，請他們填寫問卷，評量和伴侶的親密感和解決衝突的方式。研究發現，對衝突採取正向反應不能夠增加親密感，反倒是兩個人如果能夠避免掉言語上的攻擊，包括惡言相向，或是污辱對方，卻可累積親密感。

正向反應指的是，理性而且平靜的討論問題；至於言語攻擊，那就再清楚不過了。有時候，親人間的戰爭，可以發展成尋常人都難以置信的程度，懷疑：「咦，他們不是親人嗎，怎麼吵起來，比世仇還兇？」

我們常聽專家提倡「親人的和解」，又可寫成好多本書了。但是，更高的主張是，當愛裡從沒有發生戰爭，以後也沒有和解的需要了。一千句甜心的效應，擋不住一場五分鐘的吵架。

但在外遇、出軌和背叛如同家常便飯的後忠貞婚姻時代裡，夫妻和親密伴侶可有很多理由可以吵的吧。戰爭硝煙味隨處可聞，但我必須這樣說，發明「七年之癢」這個說法的人，就很有精神霸凌的意味。

瑪麗蓮夢露當年在《七年之癢》裡，被地下鐵的陣風撩起白裙的鏡頭，實在是太誘惑人了，乃至後來真的結婚進入第七年，變成天下無數丈夫的一道關卡；很多男人看著身旁的黃臉婆，想像自己怎麼沒有福氣娶到瑪麗蓮夢露。但現實生活裡的瑪麗蓮夢露，婚姻一點也不幸福美滿。我也還必須說，如果你對這個上世紀的女人故事還有興趣，找一本她的傳記來看，從她的童年到在好萊塢拍電影，成為男人的性玩物，瑪麗蓮夢露就是個生命被霸凌的受害者。

「七年之癢」或許只是文學、電影創造出來的名詞，消遣男人總是不安於「單一伴侶」，但有一項針對英國人所做的婚姻狀態調查，不僅顯示「七年之癢」真的存在，而且，真要癢起來，女性還比男性嚴重。

這個調查，是由《讀者文摘》委託英國MORI民調機構所做，訪問過接近一千名已婚人士，結果出爐，勢必會顛覆一般人對「七年之癢」的既定印象。

受訪者被問到，是不是曾經希望有一天醒過來的時候，發現自己已不再有婚姻枷鎖時，平均每五名太太裡就有一人承認這樣希望過，男性則七名裡有一名這樣表示。如果是育有小孩，或是感覺有工作壓力時，如此回答的比例還要增多一倍。

調查裡還提到，各個年齡階層裡，但願自己沒有結婚的女性，都比男人還多出三分之一，每七個妻子裡，就有一人會希望「能有段時間過自己想過的生活」，比例大約比男人多一倍，而她們也差不多集中在結婚將滿七年或才過不久的這個年齡層。

相對之下，過去常被說成是「花心大蘿蔔」，要為「不安於家」負責的男人，反而表達出願意為婚姻多付出一點的心聲。三分之一的男性受訪者說，希望有更多時間能和配偶共度；三十四歲以下的男性尤其覺得，自己沒有足夠時間和太太在一起。所以，「七年之癢」這句話的問世，原來還是有心理根據的。

根據統計，結婚滿六年，但未滿九年的男女，年紀通常還輕，心情仍會驛動，他們偶爾會在心裡問自己：真的，就要跟這個人在一起過一輩子嗎？

但婚姻能到七年，聽說就算寶貴了。這段時期，每三人裡有一人會有想脫離婚姻的念頭。結婚未滿五年，或是已滿五十年，稱得上是「金婚級」的夫妻，每十人則只有一人想要恢復自由身。

其實，如果把問卷題目看清楚一點，女性會動起「七年之癢」，和「情慾自主」可能沒有直接的關聯，只是這個年齡階段的女性，常要在家庭和職業間兩頭燃燒，關於婚姻的聯想，常常就是孩子和工作，以及感覺上怎樣也做不完的家事，於是，在她們內心幽微的深處，偶爾會興起「不如歸去」的感受。

然而，那常常只是一陣心血來潮，一個感覺，一種生活突然停頓下來時，不經意的幻想，許多人還是選擇回到婚姻的軌道。就像台鐵在情人節推出應景禮物叫「鐵不出軌」，一下就把廢物升格為熱銷的文創產品。

如果要知道「女人的七年之癢」真相，應該問她們，如果離開現在的丈夫，會不會再和別的男人步上紅毯？我們才會知道，她是對什麼感到疲倦了。

有沒有過這樣的經驗，一覺醒來，空氣甜美，歲月挪前，妳真的有自己還是單身自由自在的錯覺，然後，丈夫的鼾聲、孩子的哭聲、鬧鐘的鈴聲一下子如潮水般湧來……。原來，錯覺如何美好，也是錯覺，僅僅是這樣了。

9 我不同意你，但我還是愛你的

咦，美蘇冷戰不是結束很多年了嗎？可不，但許多女人可都是冷戰高手。

首先，是夫妻的冷戰，最典型的就是都不講話。最先大喊吃不消的卻是兒子女兒，有對夫妻才不講話短短一個禮拜，二十歲的兒子就決定搬出去，因為夫妻有什麼事情都找他傳話，連要對對方發的脾氣，也先找他當試驗品。這個兒子從此覺得當個小小中立國，還是很辛苦的。

夫妻冷戰也明顯不利健康，別的不提，長期處在冷空氣中，會引發過敏性鼻炎。許多冷戰中的老公突然得了鼻炎，或許問題不在於鼻子。

冷戰的特徵既是不講話，對我這種靠文字賺錢的工作者，顯然就很不受用，為了我個人的福利，請夫妻們吵架時，多少講幾句經典名句吧。最好，吵架像寫詩，還可找個報紙發表。不過，許多後現代風格的詩，讀起來就像吵架，我聽說有對作家夫妻，真的就用這種風格在吵架，請恕我不提供名字，讓各位有炒八卦的機會，這種樂趣要保留給我自己。

有位母親常跟兒子冷戰，但也總是她主動化解僵持氣氛，她都跟兒子說：「我不同意你，但我還是愛你的。」把愛與彼此的意見不合分開，確實對許多女人很具啟發意義。這是哲學家版，翻自法國哲學家伏爾泰的「我不同意你，但誓死保護你說話的權利。」但歷史真相版則說，其實伏爾泰根本沒有說過這句話，而且伏爾泰一生愛過那麼多女人，並沒有留下任何偉大女性跟他如此表白的記錄。

女人，我說的是有風度的女人跟親人吵起架，其實隨緣逗教，機鋒畢露，可惜跟得上其水準和思考速度的男人，還是少數動物。如健忘症版：「嘿，你以為你是誰？」進階的健忘症版：「你講的事情，我統統不記得了。」

到了後來，親人間要避免冷戰和熱戰，就是要靠這個健忘症，有位家庭心理師工作三十年，輔導過上千對親人和夫妻伴侶，她退休前終於悟出人類幸福的秘訣：「我發現幸福的人通常都得了健忘症。」因為在治療室裡，抱怨最多，情緒最不穩定，平均壽命最短的那種人，也是記得最多事情的人。前回遇到時，這位心理師一直說要來寫一本書教人如何忘記事情，但這本書難度實在太高，而且，當讀者還記得掏出錢買了這本書讀過後，他到底要記得還是忘記書的內容，才算是忠實讀者呢？

是的，就寫到這裡吧，如果再寫下去，記起太多的例子，我的幸福感顯然是會降低的。我只請妳當要質問男人時，別再用「你記得嗎？」當開頭，然後用「所以你都忘記了」當結尾，這只會讓你自己的過敏性鼻炎遲遲無法根治，別怪罪耳鼻科醫師了，妳的過敏與他無關。

當男人露出幸福陶醉的樣子時，別去問他原因，他老早就忘記了原因，有時連他已婚的事實都一併忘記。這樣的男人最幸福了。

和解還有一個道理，一定要記住並學會，那個就叫做「道歉學」。

「道歉」裡的「道」，有很慎重的意思，不然用「說」不也可通，但「道可道，非常道」，真正的歉意，已到達「不可說」的意境。

「道」這個字有個「首」，說白話就是「頭」，抬起頭，用認錯的眼神看著妳，是每個女人要求的起碼姿勢。新時代的「摩女」（摩登時代的女人）對於「道歉」是很重視姿勢的，若頭低低的，逃避和妳的眼神接觸，心裡面說不定還在想同樣的話等一下要去跟另一個女人再說一遍，那就是不上「道」的「道歉」。

當男人跟女人說：「我要學習佛陀向妳道歉」，女人心想，佛是自覺覺他、謙虛的聖者，所以滿心歡喜接受。等等，《金剛經》是說：「如來有說法不？」須菩提回答：「如來未說法」。翻成白話：「如來有說什麼嗎？如來什麼也沒說。」是的，就當作我說了也等於沒說。

還有一種道歉也列為此類，當男人向女人鞠躬行禮：「請原諒我還活著。」這句台詞理當出現在《德州電鋸殺人狂》的續集，當作下一波驚悚追殺的開端。對於現在許多男女的感情，搞到很像這類電影，我個人也覺得很抱歉。

有三種沒效的道歉方式，如果妳想進一步搞砸關係，建議可多練習。其一，「好吧，我錯了。」（停頓），「真有趣，為什麼每次錯的都是我。」

其二，「對不起，親愛的，我不知道為什麼要對妳講這麼難聽的話。」（停頓，重音在後面），「雖然它們都是事實。」

其三，「好吧，我道歉。」（停頓，重點都在停頓，一定要多多練習），「這下，你該滿意了吧。」

這幾類道歉，據說外交官員的使用率最高，就不知道當他們用完一天的外交辭令配額後，回家是不是照常使用。但外交官員——對不起，筆誤，我要說的是女人，當女人跟男人冷戰談判九個半小時，深夜只吃得到牛肉飯便當後，她同樣也會覺得道歉不用拘泥字句，只要意思到了就好。

不過，「摩女」還是得分清楚「道歉」和「深感遺憾」的差別。當男人說：「對於和妳結婚，我深感遺憾」，和「我對和妳結婚，向妳道歉」，妳可以想像背後的故事嗎，到底是誰比較對不起誰呢？

其實，到現在我們都還沒說到的那個「歉」，可能才是整個事件的主角。我翻遍所有詞典，「歉」本來是「口啣食不滿」，如李商隱的詩「健兒立霜雪，腹歉衣裳單。」台灣話叫「吃不夠，還要曬乾喔」，道歉有「很慎重地說不滿足」的意思。會不會有這樣的可能，「道歉」的潛規則是那個男人在說「對不起，我沒有吃飽啦」，當男人越說抱歉，女人越感到神經緊繃，趕快聯想起上世紀七〇年代那部《愛的故事》的台詞：「愛是不用說抱歉的。」抱歉，請你別說了。

對不起，我本來是想偽善一點的，為了透露所有男人的真正想法，我在此再三道歉。我希望我寫的這一段，只能算做開開玩笑，因為心理學家也照舊告訴我們，要跟親人、自己和好，就要讀得幽默，會開自己的玩笑。

10 別把獨生子女當成霸凌的理所當然者

二十世紀家庭心理學家和諮商學家在提出功能不建全家庭理論時，可能還沒有想到，不過數十年的光陰，少子化和獨子化會變成動搖國本的大問題，而且是全世界非常一致的獨子現象。有人就認為，這些獨子從小在家享盡資源，要什麼有什麼，等到學齡後進入學校，就會成為霸凌別人的小霸王。還有一種說法則是關於被霸凌者的，由於這些獨子從小缺乏與同輩相處的經驗，在學校裡，也沒有哥哥姊姊來罩他，他們比以前更容易遭到霸凌。這些理論，聽起來都有點道理，但是，關於獨子現象，我們又知道多少呢？

一位幼稚園老師的觀察：「獨生子女總是會被注意，所以他們總是不聲不響。在團體裡他們很容易與別人相處，他們相信總會輪到自己，因為機會總是會到來的。」

我提供七個關於獨生子女的意見，您看看對還是不對？

理。

第一個想法：獨生子女缺乏與同輩相處的經驗，普遍都較害羞，或是蠻橫不講理。

這是兩種動力完全相反的性格，害羞的人通常較內向，而蠻橫的人則較外向，所以不管再怎樣的誤會，也不可能同時出現在獨生子女的身上。

然而，這個社會對獨生子女的看法總是如此特殊，有時候，連獨生子女的家長都刻意要把自己的孩子從大眾「隱藏」起來。一位孩子已經十四歲的媽媽就說：「我一直很奇怪，竟然有那麼多人覺得，只生一個小孩是種錯誤。所以，每當有人說我的兒子不像獨生子時，我都覺得是種稱讚。」

當獨生子女必須不像獨生子女，才能得到社會的稱許時，是耶？非耶？

第二個想法：獨生子女由於大多數時間都是獨處度過，所以性格也較孤獨，喜歡一個人玩的遊戲，討厭和別人競爭。

沒錯，有些獨生子女確實喜歡一個人玩拼圖、積木，聽音樂、沉思和讀書，而更容易讓外界產生這種印象。但嚴格說起來，這種興趣可能是肇因於許多獨生子女出自中產階層的家庭，他們的嗜好和興趣傾向，反映出父母的價值觀。教育學者則指出，當獨生子女入學後，班級的人數和師生間的互動，比家庭規模更影響到他們的人格發展。

第三個想法：獨生子女通常不擅長交際，所以也較孤僻。

有研究發現，獨生子女雖然幾乎都較不懂得交際，但也不會讓自己陷入孤獨。在一項較大規模的研究裡，有少數獨生子女確實表示，他們在童年期會覺得孤單；然而，美國心理學家朱迪斯布萊克提到，沒有從獨生子女的身上發現孤僻、憂傷或沮喪的證據。

第四個想法：獨生子女沉迷讀書，不是書蟲就是性情怪誕的天才。

可以肯定的是，獨生子女擁有較高的學習技能和成就動機，和傳統家庭子女相比，他們的環境適應能力、個性、智力雖然各有千秋，至少我們可以說，「沒有明顯的性格和人格上的缺陷」。

第五個想法：許多西方人的想像裡，獨生子女由於孤獨的處境，都會發明「假想同伴」。

事實上，假想同伴並不是獨生子女的專利，寫過〈假想同伴與兒童〉這篇文章的馬喬瑞泰勒就不這樣認為，他寫道：「不僅家裡的第一個孩子或獨生子女會創造出假想同伴，孩子創造出假想同伴，並不意謂他們是孤獨的或有心理疾病。」

耶魯大學心理學和兒童研究教授傑洛姆辛格做的研究發現，會創造出假想同伴，是社會不適應的結果。

「假想的同伴」和「孤獨的天才」常會被描繪為獨生子女的面貌，雖不一定如此，卻不可否認有相當的影響。

第六個想法：獨生子女會被寵壞，也較自私。

獨生子女對「寵壞」這個常被加諸身上的形容詞相當地感冒。有位來自中產階級家庭的獨生女反應：「因為家裡只有我一個孩子，所以不會有人來跟我搶玩具。但回憶起來，我受到父母處事態度和人格的影響，遠多過他們送給我的玩具。」

寫過《為孩子挑選正確的玩具》的桑狄麥克唐納說：「每個孩子都有過自我中心的觀念，不過，當他們遇到抱持同樣想法的其他孩子以後，就會糾正這種觀念。」當孩子離開家庭，和其他孩子交往，「世界圍繞著他轉」的想法很快就會成為歷史。

第七個想法：獨生子女依賴心強。

獨生子女會有較多時間和成人在一起，大人會幫他們解決部分問題，因此產生獨生子女依賴心較重的印象。然而，這種傾向雖然是一時的，卻不一定永遠正確，根據美國兒童分析專家阿爾布拉爾佩曼的看法，每個孩子的身上都會出現各種不同的傾向，但必須等他較成熟後，才可看出某種傾向是不是占有優勢。

事實上，我們試圖檢驗一些關於獨生子女，非常根深柢固的想法，卻永遠不可能為獨生子女完全翻案，把所有的好處和光環都歸給獨生子女，甚至對生育獨生子女的種種優點大加宣揚，這樣做的話，對來自傳統家庭規模的孩子，反而不公平。然而，我們似乎可以下這樣的結論：「獨生子女和非獨生子女可能擁有一樣的成長特質。」美國南達科塔大學社會學副教授佛蘭克梅恩寫過一本《對孩子理想的養育和其他神話》裡就告訴讀者，獨生子女能發展出許多無法改變的人格特徵，但家裡的長子、老么或中間的小孩，也都會出現相同的成長軌跡。

我在這段提出的和解法則是：「別把獨生子女當成霸凌的理所當然者。」理所當然地以為，獨生子女就一定是霸凌的施與受者，但從我剛剛的整理觀察來看吧，獨生子女不一定就是小皇帝，也不一定特別不會處理人際關係。主要的關鍵在於，他們得到了怎麼樣的對待。愛還是虐待？

11 不要用出氣包和護手膏來教育孩子

提到虐待，總不免要想起許多年前，有則電視廣告，內容是一名小女孩露出受傷害的表情，舉起手掌心望著鏡頭，旁白：「請問部長，哪種護手膏最有效？」體罰讓人產生的懼怕與傷害，成長歲月裡的無助與脆弱，似乎不言而喻。

現在，由於校園內霸凌事件的興起，又有人開始提倡教師的管教權，最主要的聲浪，就是主張適度的體罰。然而，什麼才叫做「適度體罰」，有這種東西存在嗎？

許多人已經忘記，那時候的教育部長是誰，大概也不太記得，廣告賣的是哪種口香糖，甚至，當電視機前面，當年曾對小女孩的遭遇感到心有戚戚焉的年輕觀眾，自己也生下孩子，或者也當上老師後，卻照樣拿起鞭子，成為「不打不成材」的信徒。

教育和心理學家總說，體罰是為了建立秩序，讓受罰者趨善避惡；在教育往往紊亂脫序，價值由多元化而變得「敢的拿去吃」的時代裡，「體罰」已變成權威者的方便品，是維護秩序的防線。然而，事實上，問題並不是那麼地簡單。

幾年前，教育心理學家道吉姆（Jim Dugger）曾在由美國國立新聞出版機構發行的《父母之道》（Parenting: Ward and June Don't Live Here Anymore）裡，試圖這樣釐清「紀律」（discipline）和「處罰」的差異。記得書中道吉姆說過一句很有意思的話：「紀律的終極目標，就是不用再有紀律。」

「對許多人來說，『紀律』是他們不願提及的字眼，因為『紀律』意謂著『處罰』，是父母曾施予他們身上的那種。」

「然而，紀律並不是處罰，紀律是控制，幫助孩子學習控制他們自己的行為。讓孩子由他律變成自律，要達成這個目標，你自己要先展現自制力。」

「面對調皮搗蛋的孩子，有時候真的很難，但當你自己瀕臨失控時，紀律的一點點好處也會跟著煙消雲散。如果這一刻你才讚美孩子的成熟行為，下一刻，卻因為鄰居的狗闖進花園而大發雷霆，孩子得到的確切訊息會是：發脾氣並沒有關係。」

「紀律的終極目標，就是不用再有紀律。」這句話，總會讓我們想起中國人常說的「刑期無刑」的罪償觀念，用白話一點的比喻就像是，「不給你吃飯，是為了讓你以後自己有飯吃。」或者，「我鞭打你一頓，是為了讓你以後無需再受同樣的傷害。」

然而，處罰之難，難就難在沒有所謂恰到好處的處罰，責罵、羞辱和體罰的力道是如此地強烈，幾乎無法讓當事人靜下心來，掌握體罰後面的訊息。並不是鞭子後面的愛，讓他們學會服從與妥協，而是對痛楚的懼怕；鞭子後面縱然有愛，但當它用恨的形式表達出來時，會被記著的，像鑄鐵般烙在心上的，卻肯定是恨。

用恨的形式來表達愛，研究家庭和羞恥議題聞名，曾經出過《家庭會傷人》等暢銷書的約翰布雷蕭稱為「愛的迷惑」。他曾經寫過這麼一段著名的話：「我認為任何侵犯個人自我感的事物就是暴力，這種動作並不一定就是直接的身體和性暴力，儘管大多數情況都是如此。在我的定義裡，一個較有力量、權威和知識的人，妨礙另一個較沒有力量的人的自由，就是暴力了。如果我們把孩子帶進這個世界，卻又讓孩子遭受亂倫、鞭打、折磨、關閉、挨餓或道德上的虐待，那就是不言而喻的暴力了。」這段話，可以用來理解「體罰」（而我總是寧願像約翰布雷蕭那樣，把它稱為「身體虐待」）所可能產生的後果。

身體虐待最常見到的後果，就是讓受虐者活在害怕當中。如果體罰施虐屬於長期性的，害怕會變為恐懼，持續活在恐懼受罰的反應裡，就會造成腦化學物質的失衡。一九九〇年六月十八日，《紐約時報》曾刊登一篇報導研究「創傷後壓力失調」（Post-Traumatic Stress Disorder, PTSD）的文章，研究報告指出：一次個人無力抵抗的災難經驗，已足以改變腦中的化學物質。

文章發表當時，「創傷後壓力失調」還是個頗為新鮮的概念，但經歷過九一一恐怖攻擊事件後，或是台灣人在九二一震災侵襲後，卻用自身的體驗，印證了這個心理機轉的存在。事後，面對身體虐待而無力反抗的孩子，也會經歷相當類似的過程。

約翰布雷蕭寫道：「面對威脅，孩子將會進入一個保持高度警戒的恍惚狀態，腦袋裡釋放出防衛的荷爾蒙，即使當威脅解除後，釋放化學物質的情形仍不會停止，這個孩子通常就會被描寫成防衛過度，或是過度焦慮。他們會被冷凍在時間裡頭，只要任何新的經驗，看起來跟過去遭虐待的場合類似，就會挑起他們的恐懼，然後做出過度的反應。」

根據布雷蕭的意見，遭受過身體虐待的人，會出現四種反應。第一種，也是最糟糕的是，小時候受過虐待的人，長大後也會轉身變成虐待別人的人，特別是對他們自己的小孩。這是典型的「久年媳婦熬成婆」心態，在體罰非常普遍的社會裡，應該不會感到陌生吧。我們在許多描寫婆媳關係的電視劇裡，多半也會看到類似的劇情。

第二種，自己按照別人虐待他的方式，來虐待自己。

第三種和第四種，則來自於「虐待」經常會斷絕小孩和父母間的親密聯結，小孩不是不再信任父母，就是築起孤絕的高牆，潛意識地選擇不跟別人太親近，終生都飾演那個受害者的角色。小孩遭受虐待的情形愈嚴重，他們就愈覺得羞辱，愈覺得羞辱，他們對愛和親情的期望就愈低。他們的人生觀會變成：「既然我那麼地不討人愛，我最好想辦法爭取些什麼東西。」

童年遭虐待的受害者，學到的人際關係，總是建立在權力、控制、秘密、恐懼、羞辱、孤立和疏遠上；而且，由於小孩總把父母視同神明或無上的權威，他們會把父母的羞恥也當成是自己的。小孩這樣想：「他們處罰我，問題一定是出在我。」或「我的父母無所不知，他們不會有錯。如果沒有父母照顧我，我說不定會被遺棄而死掉呢，所以我必須幻想父母是對我好的。」心理學家費史東（Robert Firestone）曾稱這種推理的過程為「幻想聯結」（Fantasy Bonding），「父母好，我壞」的幻想是一個防衛策略，幫助孩子合理化他所遭受的一切。

費史東還說過一句很有道理的話：「假我的目的是抵抗痛苦，而不是面對現實。」將這句話套進體罰所引發的心理機轉來看，「假我」的形成就有如當年那則廣告裡，小女孩想要尋找的護手膏，遭受「體罰」和「虐待」的小孩，總會想從人格上創造出一個不會受罰的「假我」，目的當然只是為了逃避痛苦。

當然，或許許多人仍會習以為常地提出質疑，認為「處罰」就像唐三藏口中的緊箍咒，如果沒有這項法寶，桀驁不馴的孫悟空早就不知飛到哪裡快活去了，還會乖乖地跟著上西天取經嗎？有人會很不以為然地說，算了吧，哪個人小時候沒有被父母、老師打過那幾下子的，還不是一樣好好長大了。

話，聽起來也沒有錯。然而，你一定要非常確定，確定找得到觀世音菩薩來為孫悟空戴上箍，也要確定孫悟空知道你為什麼會祭起緊箍咒，不可隨興所至亂唸一氣，也不要中了豬八戒的離間計。

說得較心理學一點，「處罰」和「虐待」間要有明確界線，「處罰」必須針對明確的行為改變，要有公平、恆定的賞罰原則，而且必須確定受罰者一定能夠明確掌握你要傳達的訊息。「處罰」出於愛，回歸於愛，而「虐待」常出於洩恨和迷惑，得到的回報當然也是恨與迷惑。

但請看清楚，我說的「處罰」沒有把「體罰」包含在內，「體罰」力道太強，有時候回彈的後座力，也不是施行者能夠承受的。

道吉姆在《父母之道》裡提過的這段話，或許，可在你憤怒的掄拳揮鞭前，再度三思。「不可否認，有些兒童養育專家承認，有時候體罰看似合宜，但重要的前提是，如果你把體罰當作處罰的手段，你必須在能自我控制的情況下施行。只為讓自己生氣時覺得舒服點而打孩子，這並不是處罰。你的孩子不是你的出氣包，除非孩子完全不理睬其他維持紀律的方式，否則就不要考慮體罰。」

「『打在兒身，痛在娘心』這句話其實是有問題的，記住，體罰的第一下是為孩子好，接下來的卻只是為了大人的不當發洩。也因為如此，體罰漸不為社會潮流所青睞，也是可以理解的了。」

介於出氣包和護手膏之間，我們偶爾還會看到體罰不當的新聞。只要父母師長與孩子學生間的權力關係仍然存在，想要做到「零體罰，零傷害」，就需要輿論與正確的教育觀念灌輸。我們對罪與罰的思索，也理應超越報復與洩恨的層級。

12 送給自己一段美食祈禱和愛

接連談到體罰、虐待這些有違和解的事情後，我們轉向些較美好的事物，慢慢的要朝向和解的高峰，見識最後的那番絕麗風光。

茱莉亞羅勃茲演了改編自伊莉莎白吉兒伯特小說的《美食祈禱和愛》裡，一個在婚姻中迷失的作家，後續的一年裡她旅行到義大利、印度和巴里島。她在義大利享受美食，沉浸在義大利的文化，有一段是純正的義大利人要她嘗試「無所事事的美」（bel far niente）。

義大利人告訴吉兒柏特：「那是全部工作的目標，備受祝賀的最後成果，崇高的生活成就。」於是，她在地上鋪張毯子，把食物全放在上面，整個人乾脆就窩在地板。但是，「美國人」的腦袋告訴她，要每天過得充實，不能夠浪費，剛開始她真的覺得什麼都不做好難。

台灣都會裡長大的人，應該也會覺得「無所事事」根本是種生命的浪費吧。到處見得到由宗教團體落款的標語，不都寫著「不要浪費每一分每一秒」、「分秒充實過，生命最美好」嗎？這些提醒絞緊台灣人的發條，讓我們每分每秒都忙著學習、拼業績、達成目標，忙著做成功的家長，也忙著吃飯。

我聽到年輕人打電話問候，劈口就說：「最近好忙——忙著談戀愛。」媽媽跟其他媽媽說：「我好忙——忙著當一個好媽媽。」孩子從小學到的生活方式就是這種「現代化的思維」。但或許要像吉兒柏特這般生活出現了某種危機後，她才會認真思索，我可不可以換一種方式來過日子。

小說只是用一種可口的方式，把一個生命態度的問題做成小點心，讓我們較好消化，但台灣人的心靈真的難以對自己、對孩子、對身旁的親人和世界，做到「無所事事的美感」嗎？音樂工作者吳金黛曾經跟我分享，這幾年她離開台北到台灣的鄉野從事自然錄音，與純樸、慢活的人群短暫相處，也看到那裡的媽媽用一種接近慢活的態度在教導孩子，「我才深刻感受到，除了快節奏，台灣這塊土地其實還有其他的生命方式。」

我想起吳金黛錄過一張「台灣聲音圖譜」，結果銷路很好，都是學校、家長和安親班買去當教材，讓孩子聽錄音學習辨別各種鳥類和蛙類的叫聲。結果這麼可以當作「無所事事」典範的內容，卻還是被「有所事事」化，煞有其事的用學習把每分每秒都填滿。

我很想問吳金黛，當她進入林間錄音時，都已預知目標，今天會錄到哪種鳥聲嗎？或者，她只是無所事事地，讓心靈因這段空白而挪出更開放的空間，接納群鳥獻鳴的美感？對孩子、父母和親人，哪種生命態度能讓他們釋出更多的可能？

印度的吠陀教將人生分成四個階段，第三個階段是「林住期」，這時人已成家立業、完成工作目標，便進入林中休養生息，我覺得這跟義大利人所說：「無所事事的美是所有工作的目標」道理相近。然而，在現代的教育裡，我們往往忽視了這個目標，親子也不知如何去享受無所事事的經驗，建議可學吳金黛那樣，到森林、鄉野無所事事地聆聽自然之頌。

13 親愛的我：親人病了，但我還好

好景不常，本來要一路就往上爬的，卻發現，我們在真正的和解前，還是要再談一點不愉快的，卻很重要的事。例如，如何照顧生病的親人，還有當外遇讓生病的人變成我們自己時，又該如何和解呢？

我常常在講演或上課時，有人問到親人生病的問題。後來我逐漸發現，在有點掩蓋起來的家庭圖像裡，（還記得前面提到的功能不建全的家庭嗎？如果不記得，請翻回去再看一遍，這屬於哪種家庭）有個媽媽聽眾在我講完後，還堅持要載我去車站，顯然在大庭廣眾下，她不願提起家裡的事情。她說，她媽媽在她十歲時第一次發作，她記得很清楚，後來診斷為「精神分裂症」。

從那時起，她的人生路便大不同了。別人的人生階段是用求學、找工作、結婚或生子來標記的，她的人生轉彎，卻處處註記著媽媽的病：第一次發作、復發、第一次住院、轉院等等。

她離開家念書，或是日後她要結婚時，對媽媽滿是歉意。總覺得像是拋棄了需要她的媽媽，一個人逃走。媽媽在病情發作時，就曾吼著：「你們都沒有人要我。」但她和丈夫離婚，自己搬出來住，有了自己的空間，她就將媽媽從大哥家接回來，和她一起住，過了一陣子，媽媽卻又覺得不習慣，搬回大哥家，偶而才會來她這邊。媽媽跟她說：「我最愛妳這個女兒，但我還是跟妳大哥住吧。」那時，她這個做女兒的，自覺是一次重大的挫敗。

她回想起算算搬過十三次家。住一陣子，房東就會來要他們搬走，多半都是受不了她媽媽的緣故。媽媽常會在半夜起來走動，用力敲房門，坐在陽台上吼叫，和死去多年的爸爸和親人講話。

所以，當有男人喜歡她，要和她結婚時，她確實猶豫了許久。結婚前那個男人顯然低估了丈母娘有精神病的狀況，或者應該說，這個男人是被想婚的念頭沖昏了頭。但沒多久，男人就開始抱怨，藉故不讓她媽媽來，後來這個嫌隙開始破壞到婚姻的品質。我知道她離了婚，但我並不確定原因，她總請我原諒她不想再去講這段，只有一回說起丈夫：「他受不了社會的壓力。」然而，她始終認為，做為妻子，她的婚姻也是失敗的。

因為媽媽的病，從小起，她就常帶媽媽上精神科求診，得知精神分裂症常會「隔代遺傳」，輪到她自己選擇要不要生小孩時，她首先想到的就是：孩子會不會也得到這個病？她的孩子是在帶著上一代的病症的陰影下出生，雖然發展看來正常，她仍無可避免地會想起這個可能，搞得她自己好像也罹患了精神病一樣。這樣的一個女兒、妻子和媽媽回顧自我生命時說，她的每個人生階段都失敗了。

對於她，我想送給她心理學家艾瑞克森在談論瑞典電影《野草莓》的結語：「似乎在每個階段都做錯了的人，走出錯誤並且確定他其實每個發展階段都走對了。」對於這樣的女性生命史，當她這樣誠實的展開回顧時，人生路的一切就都走對了。

陪伴生病的媽媽，雖然形成了有形的負擔，卻也造就了她肯真心替別人著想的性格，其中的得與失，僅看一段短暫的人生階段，可能還無法做出正確的評量。

她可以試著定期給自己寫一封信，更長期地掌握自己對人生流變的感受。這樣開始吧：「親愛的我，我媽媽病了，但我還好。」

14 別為了一個關係假象而委屈自己

再來，就不得不重新再談一個這麼普遍的問題了：外遇。這一次，我決定要嚴肅一點。打開報紙、上網進入聊天室，或是翻翻報紙雜誌，有太多的故事、經驗告訴你，這是個把劈腿當作家常便飯的時代。我們確實拜讀了某作者說，他肚子餓了，為何每餐都要吃同樣的蛋炒飯？

我實在沒有將「劈腿」視為「關係正常化」的意思，至少對婚姻關係的第三者來說，桃花就是桃花，還沒有修成正果。

如果妳恰好就是第三者，還沒有太多人知道妳的秘密，噓，妳還要偷偷地躲在浴室裡，在蓮蓬頭沙沙而下的水聲裡讀相關報導，我會為妳保守這個秘密的。然而，妳會不會幻想修成正果的滋味？想著和這個「有婦之夫」（或者是「有夫之婦」）長相廝守？

再問一個問題：妳的個性適合當第三者嗎？

或者，讓我更體貼妳，順著妳的幻想，教妳幾招防身術。嘿，我剛剛還說，我要嚴肅一點的。如果妳注定只能是第三者？對第三者來說，有沒有和解的可能。聽著那個男人信誓旦旦地說要跟老婆離婚，面對可能來臨的種種傷害前，妳還能有何自保之道？

首先要於「不疑處有疑」。

愛上一個人，當然是要毫無條件地信任，做為第三者，卻最好能保持懷疑的精神。對於這種特殊條件論的「國對國關係」（妳自己是一國，而對方的老婆顯然是另一國），妳要有外交不到最後一刻不揭曉的認識，雖然，妳自己認為保持清醒，但妳的心和荷爾蒙卻不一定保證使妳永遠清醒。

但是，要有多懷疑呢？至少要做到「大膽假設，小心求證」。美國電視影集《警網》（Dragnet）裡的主角偵探傑克維有句名言：「夫人，只要講事實。」（Just the facts, Ma'am.）對於你們的戀情，妳最好也能保持同樣的精神。

他的任何承諾，包括說他一定會離婚，要求妳和他並肩作戰、編織各種天花亂墜的美夢時，妳只要對他笑一笑，但心裡面且存疑，等待變成「事實」。

第二是請他搬家。

問幾個問題：他已經離開原來的家庭了嗎？（除非他已搬出來，自己有了單獨的住處。）還有，他開始辦離婚手續了嗎？否則，別和這個男人（當然，也可能是女人）有任何性關係的往來。請他完成上列步驟後，再打電話給妳。

不然，想想這個狀況，妳可能會一直磨著他，苦苦逼問他什麼時候要搬出來？你開始辦離婚手續了嗎？說到最後，妳會連自己都覺得煩。

記住，即使他已搬出來住了，也不保證他就會走上離婚之路，甚至跟妳結婚。我們見過太多例子，在正式提出離婚，而原配的心理反應與衝擊都未平息下來前，你們的關係還是充滿變數。

妳已經是第三者了，在這個多角化戀情的時代裡，這是妳的選擇和遭遇；但妳應該將關係和影響單純化，不須以傷害另一個女人（或男人）來當作代價。

第三是要保持距離。

這個想法，是經過許多婚姻治療的實例和經驗所淬鍊得來的，可以統括為一句口號：「要有同理心，別當迫害人。」將妳和他的婚姻風暴隔離開來。婚姻諮商師警告過，最「慘烈」的一種劇情就是：他和妳外遇，你們的關係被發現了，（有很多成語形容這種時刻，如「東窗事發」。）他搬來和妳住，但故事才正要開始。婚姻的破敗和衝突使他陷進憤恨和內疚交纏的情緒深坑，一天沒有完成離婚手續，痛苦就會一直跟著他，妳覺得這時候他最需要的是陪伴和傾訴，心軟的妳決定扮演這個角色。

統計資料顯示，許多在離婚前就有外遇的男人，後來選擇再婚的對象，卻不一定是外遇的那個人。有位飽嘗此種滋味的女性個案，將它稱為「病房症候群」。回想我們住院的經驗吧，在病房裡我們度過各種難以形容的病痛；當妳痊癒出院後，妳覺得妳還會住在這個讓你喚起痛苦回憶的房間嗎？

婚姻諮商師因而建議，別陷進對方的離婚過程裡，或者成為原配的「迫害者」。有位女性個案根據自己的經驗建議：「如果妳也進入這個離婚的過程中，妳將無可避免和其中所有的痛苦、災難產生連結。這個男人其實處在最徬徨、最無力、最憤怒也最有罪惡感的時候，妳把他的這一面全部盡收眼底，等到他再度站回自己的生活軌道後，他的負面形象仍會和妳產生連結，說不定他會因自己曾經如此的『弱』，而轉移為恨妳；最後，他會另外去找一個只記得他的『強』，在一起能更快樂的伴侶，不會選擇妳。」

所以，如果妳是第三者，而他也曾說過要跟老婆（或老公）離婚的話，你們的關係還不保證讓你們成為理所當然的「一對」，建議妳，讓他自己去處理自己的婚姻吧，這個，叫做「各人造業各人擔」。

他這麼難受、煎熬，是一定需要有人支持的。妳當然可以是那個支持的力量，需要掌握所有的細節，有時候，供他吼吼，發洩不平的情緒。但務必也要注意自己的情緒和心理狀態的平衡，妳需要有個好朋友站在妳這一邊，支持妳，但這個「好朋友」的角色，絕對不是他（或她）。

有時也會發生這種情況：妳的好友支持妳，站在妳這一邊，但整樁事件結束後，你們卻漸漸疏遠，不再是好友了。某些案例裡，那個當事人還會因為好友的良心建言，而開始恨起好友來。因為，好朋友旁觀者清，會拆穿妳的幻想，給妳做現實的檢驗，這都是知道妳的難題後，可能提出的忠言。

如果真的是妳的好朋友，妳不能期待當妳說：「嘿，我跟一個有婦之夫有染，他要跟老婆離婚了，所以，祝我幸福吧。」然後好友將欣喜若狂地說：「太好了，恭喜。」妳的好友說不定會開始勸妳，要妳別傻了。所以，在許多類似的案例裡，當事人都不願讓朋友知道，可能也是擔心來自朋友和家人的「現實檢核」。

喔，你比較有機會不是第三者，而是大老婆嗎？夫妻一方有外遇，或是鬧到上演離婚戲時，屬於兒女的戲又怎麼演？這時把兒女捲進來，就顯得有點麻煩了。他們總僅是配角，或者戰利品，或有時也可能凌越成主角？

我聽有個名女人說，她和前夫的兒子感情很好，如同親母子，因為她和這個男人再婚時，這個兒子還小。得到的結論就是，如果要再婚，最好趁孩子小的時候。再婚時的兒女年紀越大，和解的問題就越難處理。

讓我講個故事吧，有個妻子小嫻發現丈夫有外遇，度過震撼期，還有幾次不顧一切收拾好行李要回娘家，離開這個讓她傷透了心的「家」。行動是可以很快的，如果行李沒有太多，可以一個下午就準備好。記得我看過一部好萊塢的電影，當妻子發現丈夫在外偷腥後，只一個黃昏，當丈夫回家時，早就人去樓空，妻子把所有他出錢買的傢俱，連那張大床都帶走了。

但是，那是個好萊塢的電影，台灣的搬家公司效率顯然都沒有這麼好過，我們這個故事裡的女主角小嫻最後隱忍了下來，說服自己的理由就是：「為了孩子。」為了孩子，裡面的具體內容是什麼，是傳統「勸合不勸離」，還是小嫻這個女人內心隱隱藏著一個想法，認為夫妻分開來住，對孩子就會是一種傷害。總之，我也沒有機會去細問過小嫻內心真正的想法，她就是搬了回來。

但是，從此家裡氣氛就不太一樣了，小嫻還學到了一種反撲的方式，或許可以稱為：「屋子裡的兩家人」。把她和兒子當作一個結盟，讓爸爸變成另一國人，以前，她做什麼事，都會想到跟爸爸商量，現在可門兒都沒有。她和兒子去聽演唱會，都讓兒子挑，所以她聽了一堆嘶吼的重金屬地下樂團，是跟熱愛古典樂的爸爸絕不會去聽的。吃晚飯也是，她煮自己愛吃的菜，以前都跟兒子一起等爸爸回家吃晚飯，除非爸爸已經打電話說這天不回家了，他們就會一直等。

現在，小嫻設定的時間是七點，七點是她覺得合理的，丈夫應該回家吃晚飯的時限。七點一過，母子倆準時開動吃飯，雖然從此母子吃的飯菜總是還熱著的，心內卻冷冷的。我說的這個「冷冷」大概就是關鍵字，一句我在本書第一部提到的「間接霸凌」的定義，這個爸爸所受的對待，已經可以稱得上霸凌。然而，妳會站在哪一邊，你會同理心看待這對母子，還是那個爸爸。

在這樣的關係裡，比冷戰還冷的，當然，離開和解早就是十萬八千里遠。小嫻這個女性所受的教育告訴她，不管夫妻的關係變質到什麼樣的地步，還是要維持一個有爸爸和媽媽的家庭，才不會讓孩子的成長歲月感覺到缺憾。她還是小女生時，看過隔壁家的江媽媽在丈夫拋家棄子後，常常在送孩子上學後走回家時邊擦拭眼淚的情景。她發願以後結婚絕不能變成這個模樣。

但是，台灣女性、妻子兼媽媽們，好像還一直活在這種「為了孩子」的命運模式裡，難道，隨著女人的選擇和自主權變多了以後，連帶著這種想法，不應該也來點革命性的改變嗎？

美國社會學家康妮阿榮斯做過一項九十八個離婚家庭的研究，她提出的觀察結論是：當男人和女人都覺得為了孩子而繼續在一起，是種委屈，也是彼此生命的糟蹋，那麼他們就應該快點分手。為了孩子好，不是以後繼續在已失去某種健全功能的家庭生活，而是當夫妻離婚時，不要讓孩子捲入風暴，經歷過衝突，那種「玫瑰戰爭」的氣氛，只會升高孩子本身對親密關係的焦慮。

對台灣的家庭、婚姻和家人來說，一定要說清楚、講明白這個「革命」的觀念：「委屈」無法「求全」，「求全」就不可能「委屈」，而且，這個道理，孩子比夫妻更能有感受。

我認識一個女性小玲已近三十，自己也有了要好的男友，在念社會學研究所。媽媽常問小玲，論文什麼時候寫完。小玲說她要做的是「閩南籍客家媳婦的婚姻歷程」，說得這麼嚴肅，其實就是媽媽的生命故事。所以，媽媽什麼時候跟她講故事，她的論文就會快點完成。

她媽媽這一代，其實是不太講自己故事的。小玲的媽媽重重嘆口氣：「一個失敗的媽媽有什麼好寫的。」小玲想跟媽媽說，其實她這樣已算不容易了，意思是媽媽還養出她這樣的女兒。不過，我知道小玲會寫這篇論文，心裡還有個用意。從小，由於籠罩在爸爸外遇的陰影底，小玲的媽媽一直感嘆自己是個「失敗的老婆，失敗的媽媽」，當然，就是個台灣人定義下的失敗的女人。

我則跟小玲分享，她媽媽這樣活著太辛苦，等於是把自己做一個女人的成功，寄託在男人的「那根兒」，誰能保證男人管得住自己呢？小玲說她也知道，但她眼睜睜看媽媽陷在那個漩渦裡，卻怎麼也繞不出來。

這位媽媽的故事，能不能當作閩南媳婦嫁入客家家庭的剪影？夫家已有家業，但媽媽沒有參與，要用錢才向婆婆拿。有一天，卻發現依靠的丈夫在外面有了女人，還養了小孩，媽媽告訴小玲：「這件事全家族都知道，只有老婆不知道。」然而，這會不會就是不管養育出多麼爭氣的兒女，卻覺得自己只是「一個失敗的媽媽」的根本原由？

媽媽跟小玲提起一個很久以前的故事。那天，老大、老二已上小學，媽媽帶著小玲坐火車到動物園，逛了一天，坐了一天，嚎啕大哭，到了最後一班火車，想起家裡有兩個小孩，只好再回家去。小玲卻怎樣也不記得有這回事。

跟丈夫吵過，丈夫也承認外遇，這樁婚姻最後以離婚收場。然而，小玲相信，當年對媽媽最徹底的打擊，不是她在夫家的「沉默無助」，而是丈夫的外遇。

是不是丈夫發生過外遇的妻子，不管最後結局如何，在這個女人、妻子、媽媽的生命歷程裡，最後總會以「我終歸是失敗的」為自己的生命註解？已經塵封的往事，經過母與女的敘說，是否就能修復傷痛的疤痕？

如果是父母，尤其是年長的父母，面對小玲這樣想知道生命故事的兒女，要不要坦白說出外遇這類往事呢？如果那件事情已經成為過去，也就算了，最糟的就是成為父母自己給生命貼上的標籤：「我是失敗的」，像貼上過久的ＯＫ繃，已經失去療效，卻永遠在向他人展示：嘿，這裡有個傷口。

如果是兒女，要聽的是爸爸還是媽媽的說法？有時候，連犯下外遇的爸爸也會給自己貼上「失敗者」的ＯＫ繃，爸爸的心情卻更少會被照顧到。就小玲記憶所及，她從來沒有，也不曾有勇氣向爸爸問起過這件事。

《舊約聖經》裡的所羅門王智慧，顯然也不能解決這個棘手難題。他只把孩子判給不要切成兩半的真正媽媽，卻不知道外遇夫妻的兒女，如何把心切成兩半，一半給爸爸，一半給媽媽？

15 永遠記得最早的承諾，讓心變得柔軟

我在報紙上讀到，有位八十幾歲的老阿嬤，要和男人在一起生活五十年後，舉行一場婚禮。於是，「老」新郎帶領著浩浩蕩蕩的鐵牛車來迎娶她。

對老阿嬤來說，這是得償人生的宿願吧。兩個八十多歲的老人家，當「親人」很多年後，當初為什麼會在一起可能都說不清楚了，偶然的相遇轉變為必然的彼此命運牽葛後，這場婚禮無疑是遲來的。

有位婚姻諮商師說，男人結婚的一個動機是，重新找一個「媽媽」來照顧他，而女人只要結婚，不管以前是辣妹、少婦、輕熟女或大熟女，一概變成「老婆」，「新娘」神話的背後其實是「新」的「娘」。鐵牛婚禮上，卻是一個真正的「老婆婆」重新成為「新娘」。

當媒體問老新娘時，她只說為了要有個名份，但我想她心底必定還有個更深沉的聲音，或許，那是她也沒有辦法講出來的。半世紀的共同生活，換成《屋頂上的

提琴手》的詞是「餵他的牛，做早餐，生他的小孩」，「名份」這兩個字，沒有說出一個女人在生命的最終階段，一種不足卻不知怎麼說起的東西。

如果有機會，女人會去想要一個什麼樣的婚禮嗎？第一次婚禮或許搞得太隆重，動員太多家族的力量，卻沒有太多的自己。有個男人後來說，婚禮那麼盛大，找來那麼多人，是為了給自己壯膽。如果能再來一次婚禮，可以補足生命裡一個不知如何說起的東西，你會想要一個什麼樣的婚禮？

認識一個四十來歲的女子，爸爸再婚，丈夫也有外遇，她為了擔心丈夫的「外婆」勢力做大，也跟著台灣中國兩地跑。她跟我說，讀到美國詩人羅勃布萊（Robert Bly）的〈我在我父親的婚禮上哭泣〉時，她也跟著哭了一個晚上。其實，我覺得她心內有個披婚紗的自己，是「她」在自己的婚禮上哭泣。也許，在結婚那當兒，她已早感受到了自己的「不足」。

現在有越來越多的人問我，對婚姻制度的看法。她們目睹了友人破碎的婚姻，或剛經歷過男人的外遇。我都沒有給肯定的答案，畢竟，婚姻制度本身就是不足的，只是我又想起了那個老阿嬤，是否有人問過她，在年輕或垂暮之日，妳想要個什麼樣的婚禮？

心理諮商師感嘆，離婚或婚姻出現裂縫的人，說不定只是為點綠豆小事，就吵到水火不容，根本就已忘記在婚禮上的承諾。男人拋棄了承諾，女人也只看到對方的背叛。如果，知道一個八十歲的女性仍那麼看重婚禮，或許讓我們對婚禮時許下的承諾，多一份敬重之心？

如果要發動一個關於「婚禮」的革命，那麼讓我們好好想想，婚禮中的承諾？或者，每隔幾年，當伴侶覺得婚禮的保用期已到，他們已漸漸忘記結婚的用意時，得來一場小小的婚禮，更新彼此的承諾？

16 讓孩子當騎士，而不只是武士

看了台灣電影《阿輝的女兒》，片中的視障同胞阿輝跟教練比賽溜冰，教練當然偷偷放水，阿輝不服氣，說這沒有「運動家精神」，他定義的「運動家精神」是比賽時就須全力以赴，對任何人都一樣。

父母家長的教養觀念裡，卻很少納進「運動家精神」的。我們平常鼓吹「不要讓孩子輸在起跑點」，或是更具體，也更能展現野心的——讓孩子贏在起跑點，但是如果大家程度素質都差不多，該如何保證呢？其中的一個方法就是「先跑為贏」。結果，每個孩子都先跑，亂成一團，也沒有誰真的就保證贏在起跑線。

我曾在某教授談論兒童教育的各種理論後發問，那麼台灣最盛行的教育理論是什麼，教授露出「很抱歉，沒能學以致用」的表情說，台灣流行的觀念只有一個：早學最好。簡單地說，應該稱為「偷跑」。

有一次，老師講了「龜兔賽跑」的故事，中間還加料說兔子是跑去看電視卡通，看完後又去吃速食漢堡，吃太飽才睡著，然後問同學要當哪個角色，結果所有的人都說要當「兔子」，堅忍耐力的烏龜則完全沒有吸引力。有個孩子說，「我媽媽告訴我，一定要當兔子，做什麼都要比別人快，然後，記得要帶個鬧鐘。」

「運動家精神」其實還有個重要的原則：要找能力旗鼓相當的對手，但由於家長教養總是要求注重結果，使得我們的文化和社會根本沒有什麼「運動家精神」。

其實，「運動家精神」也就是種騎士精神，是一種具備文明深厚底子才出現的群體倫理，然而，我們盛行的教養觀卻是充分表現才能，強調把孩子內在的天賦挖掘出來，結果是出了太多像急躁兔子的孩子，卻少了有耐性的烏龜。於是只懂得欣賞競爭，要求孩子當武士，卻缺乏把內心善良、尊重也欣賞別人，同時要求自己全力以赴發揮出來的「騎士」。

生孩子這件事，也就是場長跑，剛開始時，父母等在學步的孩子前，要他走過來；再大一點，父母陪著孩子一起奔跑，然後，我常聽孩子進入青春期後的家長感嘆，「我努力地追孩子，卻怎麼也追不上。」這當然只是種感覺啦，但我常鼓勵父母這時也記得保持「運動家精神」，要全力以赴當好父母的角色，但所謂當父母的輸贏，是以孩子的成就來當終點線的話，那就「盡其在我」吧。

《阿輝的女兒》結尾，阿輝為了照顧姪女，決定放棄柔道比賽，他說：「人生有比運動家精神更重要的事。」說得也對，雖然他們開始的是另一場更需要運動家精神的長跑。

請把「培養運動家精神」當作孩子教養裡一個重要的目標，這個目標的達成，顯然是要孩子接受，調整比賽價值的優先順序，把「全力以赴」和「公平」當作是比結果還重要的事。

對了，妳會問孩子問題嗎？妳是不是常跟孩子說「來，告訴我這個問題的答案，你會的啊！」面前孩子的神情立刻沉進緊張，皺起眉頭，焦灼的眼睛看著我，讓我心疼。

我一直以為說「你會的啊！」，是給孩子的鼓勵和打氣，後來有位心理學家告訴我，這類話語其實會對孩子造成壓力。如果我相信孩子知道問題的答案，何苦還要再問他，那究竟是賦與他信心，或是一則諷刺劇？

漸漸的，孩子會覺得，跟父母的談話也像在考試。什麼都講速度的時代裡，學校的考試猶如跟時間競賽，要在短短時限內完成所有題目。「快」變成求好的條件，孩子已習慣心跳加快，眼瞳收縮，只想快點找到答案。

漸漸的，父母問的問題，關心的領域只是會不會、能不能、可不可以、應不應該、對不對、算不算、想不想這類的封閉性答案。孩子原應該開放自由的心靈，封鎖在父母的問題內，像剛要張開翅膀的夜鶯就撞上鐵籠。不會問，也不知道怎樣問探索性的問題，是這一代從小也這樣被問長大的父母，共同的思維病。

什麼時候，我和孩子的關係也變成比快的競賽——快點吃飯、走路快一點、快點穿衣服、快點去做功課、快點背課文、動作快一點，世界不會等你。

世界願不願意在我提出問題後，耐心，等待一個孩子的回答？

和解，對孩子來說，就應該是，給孩子一個與你和好，與世界和好的機會吧。

17 從跟自己的身體和好開始

美國大文豪馬克吐溫說「戒菸還不簡單，我都戒了一百次」後，便給減肥失敗人士找到最佳理由，確實，每次我脫口而出說我在減肥後，立刻轉到馬克兄的這句話。

後來，又變成我不想吃某些討厭食物的理由，我總會說：「謝謝，我在減肥。」但朋友看到我在喝一種有「美」、「淨」名字在內的茶，總說無法聯想。

提到減肥還是會想到女生吧，有個五十多歲的媽媽熱愛美食，所以老早就是馬克吐溫族了。另一個媽媽建議她，以後吃東西不要以為是「妳」吃，而是「身體」在吃。這一招，比什麼在冰箱旁貼著鏡子或放台體重計，都來得有效果。慾望和愉悅感，是我們吃下比身體需要還多食物的理由，轉化成熱量和脂肪後，卻仍是身體在承受負擔。

當我們快樂、憂傷、亢奮或為情緒所苦時，共同的特質是：身體都在場。然而，「我」卻會被情緒佔據，身體成為自動化的一部分，腦袋裡的欲望和意念，控制了身體的進行。

精神分析大師拉岡曾提出「鏡像」理論，提到幼兒照鏡子時，意識到自己的存在，這是意識與母親分離，培養自我感的重要階段，但是，離開鏡子後，我們卻仍然忘記身體的自主性存在。我們與親人的關係，無論是理性或感性的成分居多，卻還是常忘記身體的存在；也就是說，當我們從照鏡子的震撼感離開後，仍然繼續忽視身體。

有位詩人朋友曾為家庭、工作和情緒嚴重困擾，他坦承嚴重時曾帶著氰酸鉀去上班，他的老師知道這件事，親筆寫書法，送他一句摘自《維摩詰經》的句子：「是身如焰，從渴愛生」。他將這幅書法裝裱捲軸，就掛在書案前，隨時提醒自己，也助他度過那個生命異常蕭涼的時光。藉著感覺到身體的存在意識，從減肥、親人關係、情緒到為生命的重新出發注入能量，全都在身體的當下裡。我想起蔣勳很常寫的一幅書法：「我已看盡繁華，捨此身外別無他想。」

身體就是「我」們的家，如是我聞。

而《維摩詰經》這段身體的文句，很值得抄錄起來：「是身如聚沫，不可撮

摩；是身如泡，不得久立；是身如焰，從渴愛生；是身如芭蕉，中無有堅；是身如幻，從顛倒起；是身如丘井，為老所逼。」

看起來，這雖然是講身的虛幻，但當有親人欠缺身體意識，陷在情緒的火焰裡無法跳脫出來時，你可以送給他這句話，或者在他生日時親筆寫成書法，你寫的書法會更感動他，並提醒他，火焰並不是身體，情緒的灼熱後，身體儘可返回清涼。

返回清涼，正是正向心理學的一貫主張。一九九八年，以研究「學得的無助感」（learned helplessness）聞名的馬丁塞利曼（Martin Seligman）擔任「美國心理學會」主席，正式推出「正向心理學」（positive psychology），為「推廣教育解決心理煩惱」開宗立派。

這些年來，對「正向心理學」展開嚴厲攻訐的大有人在，有人強調「正向」是個「永遠無法實踐的承諾」，也有人乾脆懷疑「心理學」本身的成效。塞利曼倒是對心理學頗具信心，更成為最忠實的代言人。塞利曼說：「經過六十年和三百億美金的投入後，已發現有十四種身心失調可以減輕，有兩種可以得到治療。」

塞利曼宣稱，可以減輕的問題有陽萎、社交恐懼症，而恐慌症和見血、傷害恐懼症則是可以治療的。

「正向心理學」可說是社會愈來愈富裕，但是快樂指數卻沒有隨之水漲船高的美國的必然產物。發動正向心理學運動的專家說，快樂的人會更健康、更長壽，也常在選舉中勝出。放在台灣的情境裡來看，好像也有些道理，幾年前，不是有位政治人物高喊「快樂」而贏得勝選的嗎？

不僅選民要快樂，候選人也要民眾記得他很快樂，「正向思考」、「積極樂觀」的新世紀濫調也製造出無數的暢銷作家，教導讀者要快樂（至少讓暢銷書的作者非常快樂）。然而，卻有心理學家擔心，強調快樂思考的正向心理學運動其實加深了對憂鬱者的歧視，憂鬱者面對「為什麼不能快樂起來」的質疑，只有更加防衛，或躲進暗闇的角落。記得美國巴得溫學院（Bowdoin College）的心理學家芭芭拉哈得（Barbara Held）講過一句於我心有戚戚焉的話：「我們的文化一天到晚要求你快樂，我稱此為『獨裁的正向態度』。」

事實上，連塞利曼也承認，快樂並不是天賦的權利，有些人在基因上就是比較憂鬱。塞利曼發現，每個人的主觀快樂程度約有五十％可從基因裡預測得到。一九七八年有項小型研究顯示，得到樂透頭獎的得主，一年後並沒有比損龜者還快樂。而近期內中風癱瘓的病人，也沒有如預期中那樣的不快樂。這樣的結果似乎向我們展現，無論生活、環境帶來何種衝擊，每個人對快樂卻各有各的基準——不能僅因某個事件，就判定這個人快不快樂。

然而，既然每個人主觀認定的快樂標準都不盡相同，快樂又如何靠「正向態度」這類方法來培養呢？塞利曼自己在二〇〇五年的《美國心理學人》（American Psychologist）發表的論文提到，有三個「快樂製造方策（intervention）」特別管用。

第一種方策是「感恩之旅」（gratitude visit），針對生命中某個「和善」的人寫下感恩文，並且朗誦出來，可收快樂的立即效果，但塞利曼說效果只能維持一個月。

另外兩種方策效果久一點。一是「三件好事」（three good things），在一個禮拜裡，每天寫下三件好事以及它們的影響，往後整整六個月，你的快樂水平鐵定上昇。再一是「使用個人優勢」（using signature strength），列出一張你個人優勢的表，像是勇敢、有創意或不記仇等，在一個禮拜裡，每天以一個你個人最頂尖的優勢為目標，用在從未試過的、不同的方式上。例如，你的「創意」通常是表現在工作上，那麼，今天請你把「創意」發揮在家事上吧。激發快樂的效果，同樣也達六個月。

在塞利曼的實驗裡，控制組只在一週裡，每晚寫下一個不同的兒時記憶。比較起來，運用「快樂製造方策」的人，真的都明顯地快樂起來了。塞利曼一點都不懷疑這樣神奇的結果：「情緒常常就是思考的結果，你可以藉著改變思考，有意識地控制你自己的情緒生活。」

「正向心理學」對激發快樂的信心，常讓我想起一個老掉牙的笑話：醫師拿藥給病人，說「一天三次，藥效四小時。」而病人真的每天「要笑」四小時，連命差點也笑掉了。有些學者批評「快樂製造方策」只是「用關懷取代自私」而已；然而，僅僅做到如此，就能讓大多數人變得更快樂了。

「要笑」四小時，那就開始計時吧。

18 尋找到快樂的荷爾蒙

又要談吵架了，但是，有好好吵的架嗎？

很多台灣人真的就相信這一套，在EQ變成一種流行語前，台灣人認為，那個叫做發洩情緒，所以吵一吵，發洩完了情緒再來談和解吧。但是，當你把蘋果切成兩半，再把它黏起來，放回蘋果樹，你可以掛保證，這顆蘋果會繼續成長嗎？

沒有錯，天花板下，最能夠打擾好心情的，莫過於各種各樣的吵架。最親密的人可以吵到天翻地覆，像台灣俗語說的：「連厝頂都會掀起來」，熱戰和冷戰間，心情不是跌進冰櫃，就是送入火爐。

吵過架的人應該都知道，是時，連理性、情感、情緒和身體都一起發動，憤怒、羞辱、沮喪、衝動、挫折感都會同時爆發，像元旦夜空的煙火。

我就舉一對夫妻為例吧，他們吵的這個架是伴侶吵架的典型，又瑣碎又真的很像一回事。上一次他們吵架，是為了她媽媽，他丈母娘的生日禮物。她要他下班時去買一頂她早先看好的帽子，想說媽媽一定會喜歡。心不在焉的他卻買了一條圍巾，雖然價錢反而比較高，她卻覺得生氣，於是兩人大吵一架，一吵起來，陳年舊帳全搬出籠，那些訊息無非就是：「你從不聽我的」、「你不體貼」、「你很差勁」、「我被你打敗」。

所有吵架背後，還有個潛規則就是：「我對，你錯！」吵架的人氣急敗壞，要對方接受自己的觀點和想法，臉紅脖子粗，心跳加快之際，可能無法接納對方的解釋，卻把自己的觀點擴大到極限。

會立即破壞好心情的想法是，我們這麼親密，你——這個「你」指的是伴侶、父母或好友——怎麼能「不同意」我。最親密的人之間的基本需要就是互相瞭解，所以，親密者間的吵架，就是害怕、生氣對方「背叛」了你的期待。

寫下《好心情手冊》的大衛柏恩斯也表達過相同的觀察：「這麼多人表現出武斷和不理性，在於他們感到失落。為什麼他們會感到失落？因為他們認為沒有人真正想傾聽他們，沒有人真的關心他們要說什麼，而事實也確實如此。」到了這個地步，吵架最深層的動機、緣由沒能挖掘出來，真會像無頭蒼蠅飛得團團轉，激烈言辭交鋒，卻無窮無盡。

然而，想要立即恢復好心情，必須懂得好好吵架的方法。心理學家安東尼沃夫主張，好的吵架衝突要「有頭有尾」，觀點講一下然後見好就收，不要一再渲染情緒，殃及池魚。

沃夫說：「脫離吵架漩渦的首要任務，就是認清楚你會有絕對要對方接受你觀點的情緒，這種情緒，可以當作是個警訊。」身處在情緒漩渦裡，很多人喋喋不休講個不停，完全不是平常的樣子。這個不理性但強大的恐懼，可稱為「害怕被自己最重視的人拋棄，誤會的孤單感。」然而，當你發現這種情緒，而且能為它下標籤時，也將會是能脫離情緒控制的契機。」

如果把這種情緒下個標籤，就是「霸凌」。有許多情緒被霸凌的人，也會出現害怕被遺棄感。對付這種情緒最釜底抽薪的方法就是，根本不要給情緒漩渦有吞噬你的機會。如果你們吵起來了，最好懂得如何跳出情緒漩渦。然後，請你記得，就像對抗霸凌的最終目的是不要再有霸凌，建議最理想的結果是，不要再吵架。

心理學研究一再證實，愛與戰爭終究是兩回事。親人間的爭吵，往往也會導致沮喪、進食障礙、酗酒、心臟疾病和慢性疼痛症狀。

我再舉另一對夫妻為例。情人節當天，這個女人跟老公說：「親愛的，為了慶祝情人節，表示你對我的愛意，送我一顆第凡內的鑽戒吧。」

老公說：「我們是老夫老妻，又不是情人，我們的關係不是靠一顆石頭就能衡量的啦。」

女人說：「那你買那雙義大利的高跟鞋給我，總是要表示表示嘛。」

這場情人節的戲最後皆大歡喜落幕，男人心裡很得意，他總算不必花分期付款的風險買鑽戒，「那雙高跟鞋便宜很多的。」女人其實更得意，因為，她本來想要的就是那雙高跟鞋。

根據心理學家塞迪尼說的，這個就叫做「互惠法則」，常被推銷員拿來使用。在親密關係裡，也處處可見。

像有個媽媽想知道念高三的女兒有沒有交男友，女兒當然跟老媽說沒有，媽媽有點不相信，因為女兒幾乎天天上即時通，怎麼看都像有在交男朋友。女兒先發制人，問道：「媽，妳在我這個年紀，交過幾個男朋友？」

媽媽就說：「我只認識你爸爸一個男生。」

女兒：「媽，妳以為我不認識那個男人嗎？他才沒有那種吸引力。」媽媽心裡藏著的互惠法則秘密其實是，她最喜歡的那個男人始終不理他，她只好退而求其次，但十幾年的婚姻裡她始終讓男人以為他是「最好的選擇」，也維持了一段稱得上幸福的婚姻。

媽媽不情不願，吞吞吐吐地終於說，連高中時暗戀在內的，共交過三個男朋友。依據互惠法則，接下來就該女兒了，但女兒卻堅持說沒交過，這對母女，已失去了互惠關係的平衡感。

親人關係裡，其實是要維持平衡的，「付出太多」像一廂情願自作多情，但「付出太少」卻接近冷漠，下次若有人還要再跟你玩互惠的法則，對方也知道要有所保留，不輕易掀開底牌；到頭來溝通就是訊息的互惠交換，不然就進不到真正的親密感裡來。

宗教家一直告訴世人：「施比受有福。」請一起唸阿門，但在家庭或其他的親密往來間，施跟受得有來有往。健康的關係，來自於平衡的施與受。

不過得特別提出一個狀態：什麼時候要講出過去的情史？對方願不願意遵循法則，也坦白說出他的情史？對情人的親密感來說，講情史的時間感是個藝術。當雙方願意互相交換過去的情史，他們就能夠成為真正的一對。

不過，根據心理學家的建議，慢慢地講，不要一下子就「吐」得太多太快，還得看對方願意講出多少。這是不折不扣的比賽，在柏恩的著作《人們玩的遊戲》裡，最後的人際贏家並不是講得最多的，而是最快回到成人狀態的那個人。

生物決定論者一定會說，女人體內的液體，包括其他有在流動的東西，會影響到情緒和感受。請別想歪了，這些「流質」有荷爾蒙、動情激素，主導愉悅的血清素等等，通常描述它們的動態時都會說是「分泌」。

關於更年期的女人，過去開過許多荷爾蒙的玩笑，好像有了點年紀的女人，缺少荷爾蒙是非常天大的事。有些女性一察覺到體內荷爾蒙分泌變少，就自然陷入「老女人」的恐慌，但自從有一次我這樣跟某位女兒已十九歲的資深媽媽用了「老」這個字眼，挨過一頓臭罵後，我從此學到，絕不再用「老女人」這麼刺耳又傷眼的字。現在我對有相同症狀，如有點冷感、提不起勁、工作和家庭壓力大到有點抓狂的女性同胞，會關心地問一句：「會不會是催產素不足的問題？」

催產素是女人的一種壓力荷爾蒙，好像男人體內沒有此物質流動。當女人壓力來臨時，大腦會分泌出催產素，讓她有想跟親人、愛人有親密肌膚接觸的慾望。有

了親密的接觸，可降低女人的壓力，減少焦慮。因此，電視劇裡當女人傷心難過或倍感壓力時，過去拍拍她的背，給她一個親情的擁抱，是有生物根據的，不過前提還是在於，你算不算是她的親密愛人，可別表錯情。

美國維琴尼亞大學心理系做過一個實驗，讓四十五位親自哺乳的女性觀看影片，還要求她們將護墊放進胸罩，測量她們觀看影片後泌乳量有無增加，同時會不會由於看影片而有在實驗室哺乳的行為。

其中一半看的是歐普拉的秀，非常溫情滿人間，敘述有位音樂家的學生來到節目現場感謝他的感人場面。另一半媽媽則看純粹喜劇秀，就說是豬哥亮主持的節目吧。結果，看溫情感人節目的媽媽，有一半不是當場哺乳，就是泌乳量增加，而後者卻只有幾位媽媽會這樣做。

體內的催產素量較多，就能讓人產生平靜和愛，同時會更想和人建立親密感。我覺得，這是進化送給女人一項天生的禮物。男人好像沒有這類的物質流動，我僅能憑想像，有時候，男人在看溫情電影時泫然欲泣，或是與戀人有肌膚之親，感覺胸口湧起一陣陣暖流、腦袋有電流通過，全身酥麻癢感像螞蟻爬過，會不會也是類似的荷爾蒙在作用？

一個媽媽撫觸、擁抱嬰兒所得到的，原來不僅是心理上的慰藉，也有生理上的實質回報。所以，我比較能夠理解，訪問一位出版社的女總編輯，她說每當工作壓力大到她只想躲起來好好地哭上一陣時，就會回想她抱著小兒子的回憶，然後體內一陣暖流，讓她有了重新面對工作難關的能量。

然後，我也開始知道，為什麼男生在約會時，都帶女生去看感人電影的原因了。明明，這些男生根本不看文藝片的。

19 和解就是一場豐富之旅

寫了這麼多字後，我覺得我最應該和解的就是我自己，可能寫完這本書後，對我的視力是霸凌。所以血淚了，我偶而溜出去坐公車，到處逛逛，有次，我坐上開往圓環的公車，車上沒有幾個乘客。我後座有位白髮老婦人，獨自坐著，跟著車窗外的風景訴說從前。

她講話的對象，顯然是車廂另一側，一名二十幾歲的女乘客，但兩個人並不相識，老婦人只是想找個講話的對象。車子來到南京復興捷運站前，老婦人看著大樓說，以前日本人都住在這裡，台灣人住在大稻埕那一帶，孤獨蒼邁的語氣說：「只有一直住在這裡的人才知道。」

最後，那名年輕女乘客終於答話了：「阿嬤，妳幾歲？」阿嬤帶著驕傲說：「我已經八十八歲了。」女子立刻接腔，好像是寫好的劇本：「哇，妳還可以自己搭公車，真厲害。」這個老阿嬤大概已聽慣了別人這樣的「稱讚」，也像寫好的劇本回應：「年輕人沒興趣陪我，我都自己一個人搭公車。」

除了年紀外，年輕人和老人家大概也搭不上話，誰會知道日據時代南京東路的樣貌呢？那比較是屬於歷史和深遠記憶的。其實親人和家庭裡，年輕人和老人的世代差異也是如此，我們常說「老人家」，言外之意像在說，老人屬於「家」，行動不便，不要到處趴趴走。家裡面，年輕輩和老人的互動內容多半也只剩下年紀和身體關懷，覺得照顧身體就等於照顧了一個老人的全部。當一個人活到老，他的心靈將成為一張病歷表，這就是我們的文化給老人們的設計。

我不知道那位老婦人的家庭背景，年輕時她或許很活潑，熱愛旅行，年紀大後也沒有放棄興趣，那麼她是孤獨但幸運的。或許她已無親人，或許他跟兒孫輩說不上話，自己出來搭公車，那麼這趟出走難免是場感傷之旅。後來，當女乘客要老婦人保重身體，下了車後，公車只剩我們兩人，老婦人轉向我搭訕：「先生，現在幾點了？」我看看手錶，很想跟她說：「時間已走到在我是我的歲數，在您則是八十八歲。」但我想她一下難以領會我對時間的感傷，只老實回答：「十二點五十分。」

有一部多數人已遺忘的電影，是拍於一九八五年，姬拉汀佩吉主演的《豐富之

旅》（The Trip to the Bountiful），建議家裡有老人的，想要多了解他們心靈的，可以找來看。

這部片子也有個出外去搭公車的老婦人，她跟媳婦個性不合，住不慣兒子家，拿著政府補助金離家，要回去找兒時的家。

那部電影，如此美麗又美好的，讓我見證到和解的真正意涵。不管活到多少歲數，只要記憶猶存，都會想要與自己的過去和解。也難怪在那部講夢植入的電影《全面啟動》中，父子的和解是如此重要的元素，重要到，即使只是在一層又一層的夢裡，當潛意識啟動，可以改變一個企業的版圖。

如果可以，陪老人來一趟「豐富之旅」，聽她講以前的記憶，那雖然是你所陌生的世界，說不定，也因此能豐富你自己。

如果可以，也給妳自己安排一場豐富之旅。

20 讓天賦自由

不知從什麼時候開始，台灣流行起「培養天賦」、「發揮內在天賦」的風潮，不僅成人們熱心鑽研，也當作教養孩子的聖經。這個學說主張，每個人體內都有著天賦，如何能夠適當發掘，才能夠「人盡其才」。然而，對也許不是那麼有天賦的孩子而言，成長卻可能變成連場的惡夢。

有沒有天賦，從外表也看不出來。連帶的這陣子，也流行起鑑定天賦的風潮，像什麼測掌紋，就是寄望靠科學儀器來尋找孩子的天賦，標榜「天才班」的學前教育也宛如新興的黃金行業，其實每個家長心底，總盼望自己的孩子真的是少有的天才，而業界當然也緊抓這種望子成龍的心態，大力鼓吹培養天賦論。有家這類的教育機構，每天都有幾十名家長帶孩子去做小測驗，想了解孩子的天賦程度，光那個十幾分鐘的小測驗，就索價幾千元，卻抵擋不住家長的絡繹熱潮。

但是，天賦真的存在嗎？過去中國人的智慧是嬰兒像白紙，教他什麼他就學習什麼，把天生差異的重要性壓下來，強調有教無類的普及化教育精神。現在我們則形容天賦是上天送給每個人的禮物，不是沒有，而是說不定沒有適當的環境培養、發掘。

譬如，過去台灣社會重男輕女，經濟不富裕時，一般人家供不起兩個孩子讀大學，往往犧牲的就是大姊，唸完小學就得去工廠工作，但許多女子的天賦才能也因而被抹煞了。我認識一個鄉下的老婦人，連小學也沒有念，卻記得許多俚語歌謠，說故事的能力幾乎連專業作家也比不上，她其實就是有天賦卻沒能培養的明證。

再說「賦」這個字吧，雖說「貝」是形符，「武」是聲符，「貝」就是古代的貨幣單位，是有價值的象徵，但加上這個「武」字眈視在旁，卻好像是發明字的古人，預見了現代教育的面貌似的：要用點外在的力量甚至武力在內，才能促進孩子天賦的發展。什麼讓孩子自由快樂發展和學習的解放教育理念，仍然不敵強大的天賦理念。

但是，如果是能力強、成就傑出的父母，千萬別成為那隻揠苗助長的黑手。像貝多芬從小就能演奏、作曲，他頑固的以為所謂天賦就是要跟他一樣，也用同樣的標準要求姪兒卡爾，然而，歷史上到底能夠有幾個貝多芬呢？貝多芬雖然鍾愛姪兒，卡爾卻幾度動了自殺的念頭，這也是貝多芬終其一生都無法理解的謎，也成為他晚年最深的遺憾。隱隱的，我們必須向樂聖提出這個疑問，如果他晚生個兩百年，理解了也許可以放手讓孩子比較自由的學習，他和卡爾會不會都活得快樂一點，說不定可一起唱他的〈快樂頌〉。讓卡爾做個欣賞叔叔才華的人，在貝多芬晚年時陪伴他，說不定就是卡爾的天賦。

關於天賦，我想給家長的忠告就是，固然不要「有眼無珠」，埋沒了上天送給孩子的禮物，但操之過急，揠苗助長，讓孩子去做他再怎麼努力也做不到的事，反而斷送了孩子的快樂童年。畢竟，一個聰慧的孩子，最終還是會發覺他所該走的路，而那才是上天要送給他的禮物。

曾被稱為「白宮黑玫瑰」的美國前國務卿萊絲，是第一位當上國務卿的黑人女性。由於媽媽是位鋼琴老師，萊絲四歲時已能彈琴，她和家人也都以為憑萊絲的天賦，將來一定會成為職業鋼琴師。其實，萊絲回顧時承認，她並沒有音樂的天賦。

大學某個暑假，萊絲參加了某音樂節，當她發現一些十一歲的孩子「只看一眼就能彈奏我要練一年才能彈好的曲子」，萊絲心想，她不可能有到卡內基表演廳演奏的那一天了。後來轉向研讀美蘇問題，才讓萊絲找到了自己的天賦，她也始終沒有放棄彈鋼琴，當國務卿時，就曾在白宮公開演奏，這可是比卡內基廳更難得的人生際遇。

所以，要如何回答天賦是否存在這個問題呢？我們僅可以說，每個孩子總會有一些「傾向」，但那種傾向不一定就導向貝多芬或愛因斯坦，家長若能擔任引導者的角色，幫助孩子發現他最擅長的事，其實已是夠好的父母了。

美國耶魯大學的心理學家羅伯特曾經提出「孩子的天賦特徵」，親愛的家長們，當您的孩子擁有下列的某種特徵時，他就已屬有天賦了：

1. 擅長記憶詩歌和台詞。
2. 很少迷路，特別是女孩子。
3. 能注意到別人的情緒變化。
4. 經常問「這件事是什麼時候開始的」這類問題。
5. 動作協調優雅。
6. 能正確地按照音調唱歌。
7. 經常問雷鳴、閃電、雨天等大自然的問題。

8. 你講故事時，改用了一個常用的詞，他會糾正你。
9. 能極快學會騎腳踏車、綁鞋帶、穿襪子等。
10. 喜歡扮演角色、編故事，有演戲天份。
11. 坐車時會說：「去年奶奶有帶我來過。」
12. 喜歡聽不同的樂器演奏，並能講出樂器名稱。
13. 擅長畫地圖、繪物體。
14. 喜歡模仿表情和各種體育活動。
15. 按規格、顏色收藏玩具。
16. 擅長表達對某件事的感受。
17. 很會講故事。
18. 喜歡評論各種聲音。
19. 跟某人見面時，會說「你好像我同學的叔叔」這類的話。
20. 能夠準確說出他的能力和限制，能做什麼、不能做什麼。

21 當關心來的時候，接受它、喜歡它、珍惜它

親人間有個特質，就是會彼此關心，不然，跟陌生人沒多少差別。但是，「關心」不一定會像陽光般溫暖，多半還是冷冷的，刺刺的，反而讓被關心的人感覺到極度不舒服。

隨著成長階段和認知的不同，親人間的「關心」會化身為嘮叨、碎碎念、指責或怒罵，有時候，被關心的感覺卻像是一場山雨欲來的戰爭。關心與被關心的雙方，竟然都不諒解對方。

我看過張作驥導演的《當愛來的時候》，女主角來春從小生活在大家庭，總覺得大媽、親生媽和沒有血緣卻很親的爸爸都不關心她，她怨生日沒有人記得，跟媽媽講，得到的回答是：「妳的出生是我的不幸，還慶祝什麼。」然而，當她未婚懷孕，男朋友落跑，她就要變成小媽媽時，還是同一群家人，從責罵到接受小生命的來到，當她陣痛開始時留在她身邊。

所以，歷經種種，體驗到關心原來可以是這樣的來春最後說：「我喜歡家的感覺，我喜歡陽光的感覺。」如果每種關心都像陽光，誰不喜歡呢？

「關心」這個詞其實有一層意思，為了親人把心「關」起，把這份心留給了親人。但是，年輕的親人常無法抓住這層意涵，覺得是被束縛了，親人的責罵就是因為他們不愛我，把一種反話式的關心當成嘲笑。其實，要找到像好萊塢電影《鴻孕當頭》（uno）裡，知道女兒要當小媽媽卻從頭一路相挺的超完美爸爸，還會念詩給女兒聽的，真的還是人世難得吧。《當愛來的時候》應該更接近台灣家庭裡，表現出來的關心本質。

我們開始相信，關心不一定是陽光，也不一定是摸摸頭，或在黃昏陪你去吃冰淇淋，或睡醒時發現留在茶几的問候卡片。它也可能是荊棘，跟刺一樣地札人，讓你感到痛，並在日後回想時，感激你需要的那陣痛。

最合宜的關心，其實是降低誤會，在當下就能讓對方接收到訊息，並且照著你的意思做改變的。因此，建議關心也不能自以為是的以為，既然是關心，對方就非得接受不可。請練習關心的溝通語詞，盡量還是從「我」出發來看「你」。

像是《當愛來的時候》那句話，若改成「我覺得生下你以後，你常會讓我失

望，這是我的不幸，還要慶祝生日嗎？」意思好像一樣，但講法不一樣。或許，在言語和言語之間有個緩衝地帶，讓對方的心思有一點空間辨別，這到底是惡意的責罵？還是關心的包裝。

當你得到真正的關心時，說不定就不再做惡夢。曾有位女學生問我，她常做被追趕的惡夢，該怎麼辦？

我們就討論起她的惡夢內容，她說，常夢見的是些不認識的人。其實，當夢見認識的人時，我們比較容易做解讀，卻常把不認識的人當成是幻象。其實那裡面也會有一些相當真實的訊息？

夢見媽媽或爸爸當然是認識的人，但是否就可解讀成，現實生活裡感覺受到他們的威脅？有位二十多歲的男生就因而沮喪地說：「媽媽明明就很愛我，但我為什麼還會夢見被她追趕？」重點在於下一句，男生說：「在夢裡，我清楚地出現不想被媽媽追上的感覺。」

用心理學家夢的解析來看，「父母親」其實可能代表你不想遵從，或被迫要去守的規則、規範，或是小時候父母的責難潛化為自己對自己看法的一部分，甚至是一種你曾無法反抗的壓抑。

有時候，還會是父母親形象的變形，變為跟真實不成比例的龐大身影。有人跟我提到，就連父母親去世後，還是會重複在夢中變成追趕的身影，華人文化會說那個叫做「托夢」，我不知道是否真有其事。但我相信在親子世界的語言裡，父母當年的壓制會一直盤據在兒女心底，可能超越了兒女的意識，於是就轉化成連場惡夢。兒女對逝去父母的遺憾，沒有跟父母說出的心願，也可能會變成夢中的某個角色。

最近曾在星馬熱賣的電影《嚇到笑》也曾在台上映，第三段就是三兄弟同時夢見死去的媽媽，他們怪媽媽在天之靈不保祐兒子賺錢，要把媽媽的神主牌送進廟，最後才恍悟媽媽托夢的真正道理。同是華人文化圈的導演梁智強，就用這麼一個變鬼、托夢的故事，講出華人兒女對媽媽照顧的遺憾、不捨與孝的真諦。

在那些夢裡，媽媽同樣是在追趕他們，但重點不在死者，而在兒子們自己的感受，然後才能真的理解那些夢所要跟自己傳達的訊息。

我要這位女學生藉著這些惡夢，開始展開對自己的家庭、成長歷史的探索，有點夢的偵探的感覺。如果是不認識的人，這些形象是男是女，可能代表的意義，再與自己的成長做對照。譬如，有位新科中研院女院士說她高中時期痛恨髮禁，曾有自殺的念頭，那麼，她或許會夢見持著把利剪的死神，那就是髮禁的化身。

在辨認惡夢的形象時，不知道如何開始，或許可試著用塔羅牌的圖案和分類，塔羅牌雖是當作內在人格的尋找和探索，卻可用來進一步了解夢中的角色。

塔羅牌內必見的魔術師、女祭司、皇后、死神、戰車和命運之輪，和你夢中的角色有呼應嗎？

跟夢一樣的，讚美也是個古老的話題，我曾寫過一些文章，每次都會得到讀者的迴響，反省他們就是不習慣讚美的人，是的，我們都已相信，讚美是多麼重要，然而，在親人間，讚美仍然不是件簡單的事。

親人間生活在一起久了，把彼此的成就當作理所當然，好像不用每天讚美。就像史蒂芬史匹柏的媽媽，需要每天都讚美一遍他的作品嗎？不過，史蒂芬史匹柏最喜愛的一張照片，是他閉著眼睛，和媽媽抱在一起時拍的，而他媽媽說過最讓人記得的一句話是：「史蒂芬最好的作品都不如我的，我最好的作品是生下史蒂芬史匹柏，他有辦法嗎？」

有位華人導演得過大獎，最近還獲得金馬獎提名，我們總認為憑她的成就，應該不會在意得不得獎，她應該會輕鬆以對。她卻說心情還是會緊張，更期待家人給她鼓勵打氣。幾年前，她得到香港金像獎提名，打敗一干女星得獎，她打電話給媽媽告知喜訊，媽媽在電話那頭卻說：「妳得獎了，怎麼會？」幾年後，她顯然仍記得媽媽的這句話，仍然掛意著媽媽的反應，化成一句苦笑：「我們好像不太懂得怎樣讚美孩子，從小，就沒有這個東西。」

心理學家葛根（Kenneth Gergen）做過一個實驗，找來十八名女大學生和一個女性面談。面談時，這名女性若顯示出點頭、微笑、用語音表示同意，女學生的自我評價就會高於平均值。反過來，當面得到的是皺眉、搖頭、用語音表示不同意等反應，受試者的自我評價也會顯得較負面。

這類研究在心理學裡其實還真的不少，心理學家羅萬（John Rowan）曾在回顧一番後寫道：「與我們相處的人會影響我們，使我們覺得更像最好的自我或最糟的那一面。」（our best self or our worst self）

所以，親人不經意的一舉一動會影響我們，尤其在對自己有懷疑的時刻，如「我這次是不是夠好到會得獎」，我們仍然期待親人的認同、讚美和肯定。我們幽

微的心意或許不會表達出來，卻還是如此等待。這位導演的母親，或許只是個小動作或口頭禪，卻仍在女兒心中造成迴響。

每個人都會有些不經意的小動作、口頭禪或語助詞的表達方式，卻會決定別人對他的觀感，甚至影響到別人對他們自己的評價。

當然，與人相處，總會有贊成或反對別人意見的時刻，不可能要求只剩下讚美這種態度。然而，還是可練習讓肢體語言、口語表達，包括語尾音、口頭禪的控制，都要能符合當下你的態度。做為一個親人，如果你想讚美卻說不出口、不知從何表達起，甚至，你的口頭禪會造成意思上的誤解，那確實需要好好的練習了。

22 外在與內在的和諧

娜塔莉波曼演《黑天鵝》，得到奧斯卡女主角獎，她詮釋的這名叫做妮娜的芭蕾舞者，其實是一種女性的類型。

「黑天鵝女人」可分「外在」和「內在」。「外在」是她和媽媽和諧又緊張的關係，媽媽在二十八歲時放棄當芭蕾舞者的夢想，全力扶植她，帶她去上各種芭蕾舞課，把女兒當成媽媽夢想的分身。對女兒而言，這究竟是福氣或詛咒呢？

但是，如果只是媽媽的女兒，儘管學到媽媽的所有才藝，妮娜可能只能跳得好白天鵝，媽媽自己也沒有被選上當主角過。黑天鵝卻是個誘惑而邪惡的角色，通常媽媽不會要女兒懂得誘惑男人，甚至還當作是女兒的禁忌。當女兒的「內在」要去挑戰一個媽媽也沒有試過的極限，母女就會產生撕裂的關係。

片中的妮娜，這個同時跳白天鵝和黑天鵝的女人，把媽媽對她的願望、壓抑、管教、規範，以及老師和自己對完美的要求，全壓縮進一個瘦弱的身軀，最後，就以精神分裂收場。她在垂死前跳出最完美的舞，一如傳說中垂死的天鵝，發出最美的啼聲。

在媽媽或親人的控管下，想跳「黑天鵝」的女人，其實無法到達真正的完美。很多追求完美表現的女人，也遇見了同樣的困境。最好的解答是媽媽願意放棄，或知道自己的極限對女兒已沒有幫助。當媽媽和女兒都在同一個領域裡時，那種補償、欣慰和同性間微妙卻不能道破的競爭情結，其實還是會隱隱啟動的。從繪畫、文學、音樂到做生意，我認識有些媽媽對女兒比自己突出的表現，總有點那麼酸酸的感覺，可能一方面為女兒高興，一方面仍有點感嘆自己懷才不遇吧。

有位女鋼琴家的女兒同樣學習鋼琴，母女很親，從小女兒的鋼琴課都是媽媽上的，媽媽對她，比對學生還嚴格。女兒得了幾個獎，想一直留在媽媽身邊學鋼琴，但媽媽知道這樣的話，女兒永遠不能進入頂尖，最多只有幫人伴奏而已。媽媽鼓勵女兒去維也納深造，雖然捨不得分開，卻知道這是女兒必經的鍛鍊。

我沒有認識跳芭蕾舞的可敬女生，聽說在台灣這樣的女人越來越難找了。所以，我不知道要跳好黑天鵝，是否得像電影裡還要嘗試自慰、吃藥、誘惑男人上床才叫做懂得誘惑。但如果那是前提，在台灣父母普遍要女兒當乖乖女、常常忽略身體感的環境裡，一個女兒要真的跳出完美的黑天鵝，本身似乎就是個禁忌。台灣父母比較可能會跟女兒說：「那降低點標準吧，反正也沒有人是完美的。」

一個完美旋轉的黑天鵝，熱情過後，顯然付出了我們無法想像的代價。輪到妳時請告訴我：妳要當個乖乖的白天鵝，還是傾盡生命的黑天鵝？

總是有人說人生如一條軌道，若是能一輩子順意地走下去，那也不壞，然而總會有那麼些時候，我們會遭遇「挫折」與「不順利」，或者，通稱為生命的「危機」，這時，也是我們最清醒，最能意識到自我存在問題的時機。

23 最後的和解是，無無明盡

美國行為主義大師史基納就曾在《科學與人類行為》一書裡說到，對自我和自我行為的知覺，並非一個自發的現象，只有當這個知覺具有「生存價值」時，才會出現，也就是說，對某個行為的知覺通常都發生在行為之後。

當我們在大眾場合講笑話卻沒有人覺得好笑，被熟人嘲笑輕視時，覺得該加薪而老闆無動於衷時，丟掉珍貴的東西時，這些都是生命裡的「小危機」，但通常我們都能擺平這些像是小感冒的困擾，回到正常生活的軌道上來。也就是說，我們最後必須克服這些霸凌的感覺。然而，當危機嚴重到搞亂了我們的生活作息，使我們不得不從軌道上——包括我們和社會、人群、自我以及宗教的關係——退出來時，將進而質問生命最基本的意義。

一個遇到嚴重打擊的人，常常會在心裡向上天詢問：「為什麼是我？」這是《心經》提到「無無明盡」非常重要的關頭，我們得在參悟「因緣永存」的無明後，才可能為自己找到一個「無無明盡」的空間。

「無明」就是把短暫的東西當成了永恆，把追求虛幻當成了實在，但生命裡卻似乎到處埋伏著「危機」和「顛沛」，想想看，當你發現人生的目標轉眼就成空時，你會怎麼辦？

每個文化都有它們對「美好生活」理想的憧憬，在我們的社會裡，每個人都可以畫出一條黃金般的連線：幼稚園→小學→中學→大學→留美→高薪高職。然後呢？

繁華夢醒，方登彼岸清明

赫塞《流浪者之歌》的主人翁悉達多曾花費數年時光，向商人卡瑪士瓦密學習經商，與卡瑪拉縱情於愛慾之中，「他經歷了富貴榮華，享受了情慾歡樂，嘗到了權勢滋味。」

然而，「厭倦像一襲輕紗，像一層薄霧籠罩在悉達多身上，慢慢的每天加濃一點，像一件新衣穿久了變舊，失去美麗的色彩、變髒、變皺，……原來隱藏在深處，現在已處處顯露出那等待著的幻滅和憎惡，悉達多並沒有注意到這些，他只注

意到，那曾經在他心內清醒著，在他光輝燦爛的時候引導著他的那個明晰潔亮的聲音，已經沉寂了。」

「有多久他不曾再聽到這聲音了！有多久他的生活中不再有高峰而就只剩茫然與荒涼！有多少漫長的歲月過去了，他生活中沒有高尚的目標，沒有渴望，沒有昇華，只是自得於小小的歡樂，而卻從未真正地滿足過。這許多年來，他曾不自覺地盡力去變得和其他人一樣，像那些孩子們，可是他的生活卻比他們的悲慘得多，可憐得多，因為他們的目標不是他的目標，他們的憂慮也不是他的憂慮。」

有一天，悉達多夢見卡瑪拉養在金籠子裡的一隻會唱歌的鳥，這隻鳥通常都在晨間啼唱，在夢裡他發現牠一點聲音也沒有，靠近籠子才發現小鳥已經死了，直挺挺地躺在裡面。他把牠拿出來，放在掌中片刻，然後拋到路上，就在這一剎那，他突然害怕起來，他的心也痛起來，好像他把自己一切好的、一切有價值的東西，隨這隻死鳥一起丟掉了。

夢醒之後，悉達多陷入極度的憂傷裡，他感到他已經把自己的生命毫無價值、毫無意義地虛擲了，手中沒有留下任何有生氣、有價值或值得保存的東西。他孤單空虛地站著，像遇難船上的生還者站立在岸上。

然而，像悉達多，夢醒時分，人生追求黃金般的目標一旦成空，卻也是「無無明盡」的關鍵契機，像書就要翻入下一章，不能期待，卻隱隱可知。

「無明」其實也像是從父母、從師長、從上司嘴裡，接連傳來的人生保證：「你好好幹，將來老闆不會虧待你的。」

「你要努力讀書，將來才會有出息，知道嗎？」

事實面卻可能是，學校裡的狀元才並不保證踏進社會就會高人一等，不靠學歷、不憑苦幹卻能揚名立萬的也大有人在，於是，當我們「努力讀書」、「好好幹」了幾乎一輩子後，才發現事實上早已落後人家一大截，而一直憑恃著的「保證」終究紛紛落空。這時候，我們不是抱著徹底的絕望繼續過日子下去，便是從這場功名的追逐競賽中退出來，冷靜地尋找自我在這個文化格局裡的立足地。

這時候，覺醒才會開始，你才知道，和解最後有個宇宙的意義，宇宙，不就是一個和諧者嗎？在人與人、人與自己，人與自然間，我們終於找到了立足之地。

從霸凌到和解，我作如是觀。

心靈系列08

從霸凌到和解

金塊文化

作　　者：呂政達
發 行 人：王志強
總 編 輯：余素珠
美術編輯：JOHN平面設計工作室

發 行 所：金塊文化事業有限公司
地　　址：新北市新莊區立信三街35巷2號12樓
電　　話：02-2276-8940
傳　　真：02-2276-3425
E-mail：nuggetsculture@yahoo.com.tw

劃撥帳號：50138199
戶　　名：金塊文化事業有限公司

總 經 銷：商流文化事業有限公司
電　　話：02-2228-8841
印　　刷：群鋒印刷
初版一刷：2011年5月
定　　價：新台幣240元

ISBN：978-986-86809-7-5（平裝）
如有缺頁或破損，請寄回更換

國家圖書館出版品預行編目資料

從霸凌到和解 / 呂政達著. ——初版. —— 新北市：
金塊文化，2011. 05
面；公分（心靈系列；8）
ISBN 978-986-86809-7-5（平裝）
1.霸凌　2. 人格心理學
541.627　　100007047